> Exercices de...

Grammaire & conjugaison du français

Ludivine Glaud, Muriel Lannier et Yves Loiseau

Appli «onprint»

Téléchargez l'appli gratuite et flashez les pages de votre livre pour un **accès direct aux audios et aux 130 exercices interactifs** avec votre smartphone ou tablette !

Crédits photographiques : p. 29 : (ex7, a) Darren Baker/AdobeStock ; (ex7, b) puhhha/AdobeStock

Édition : Alice Sionneau
Couverture : Sébastien Jenger – Primo&Primo
Maquette : Sabine Beauvallet, adaptation de Créator's Studio
Mise en page : www.creatorsstudio.net

éditions didier s'engagent pour l'environnement en réduisant l'empreinte carbone de leurs livres. Celle de cet exemplaire est de : **750 g éq. CO_2** Rendez-vous sur www.editionsdidier-durable.fr

« Le photocopillage, c'est l'usage abusif et collectif de la photocopie sans autorisation des auteurs et des éditeurs. Largement répandu dans les établissements d'enseignement, le photocopillage menace l'avenir du livre, car il met en danger son équilibre économique. Il prive les auteurs d'une juste rémunération. En dehors de l'usage privé du copiste, toute reproduction totale ou partielle de cet ouvrage est interdite. »
« La loi du 11 mars 1957 n'autorisant, au terme des alinéas 2 et 3 de l'article 41, d'une part, que les copies ou reproductions strictement réservées à l'usage privé du copiste et non destinées à une utilisation collective » et, d'autre part, que les analyses et les courtes citations dans un but d'exemple et d'illustration, « toute représentation ou reproduction intégrale, ou partielle, faite sans le consentement de l'auteur ou de ses ayants droit ou ayants cause, est illicite. » (alinéa 1er de l'article 40) – « Cette représentation ou reproduction, par quelque procédé que ce soit, constituerait donc une contrefaçon sanctionnée par les articles 425 et suivants du Code pénal. »

© Les Éditions Didier, Paris, 2020
ISBN 978-2-278-09555-1
Achevé d'imprimer en Espagne par Macrolibros (Valladolid) en mars 2025 - Dépôt légal : 9555/04

Sommaire

Grammaire 7

1. Les noms : masculin et féminin 8
2. Les noms : singulier et pluriel 10
3. Les articles définis et indéfinis 12
4. Les articles partitifs 14
5. Les articles et la négation 16
6. Les adjectifs démonstratifs 18
7. Les adjectifs possessifs 20
8. Le quantité indéterminée 24
9. L'accord des adjectifs qualificatifs 26
10. La place de l'adjectif 30
11. Les pronoms toniques 32
12. Les pronoms relatifs : *qui, que, où* 34
13. Les pronoms démonstratifs : *celui, celle, ceux, celles* 36
14. Les pronoms compléments d'objet direct (COD) 40
15. Les pronoms compléments d'objet indirect (COI) 42
16. Les verbes et les pronoms 44
17. La place du pronom complément 48
18. Les prépositions de lieu 50
19. Les verbes et les prépositions 54
20. Le sens et la place des adverbes 56
21. Les comparatifs 60
22. La négation 64
23. L'interrogation : *est-ce que, quoi, qui* 68
24. L'interrogation : *qui, que, quoi, où, quand, comment, pourquoi, combien* .. 72
25. Les adjectifs et les pronoms interrogatifs : *quel, quelle, lequel, laquelle* .. 76
26. Le discours indirect 80
27. Les articulateurs logiques (cause, conséquence, but, opposition) .. 84
28. La condition 88

Conjugaison ... 91

29. Le présent : *être, avoir, faire et aller* ... 92
30. Le présent : les verbes en -er ... 96
31. Le présent : *pouvoir, vouloir, devoir et savoir* ... 98
32. Le présent : les verbes en -ir ... 102
33. Le présent : les verbes en -re ... 106
34. Le présent : les verbes en -oir et -oire ... 110
35. Le futur proche et le passé récent ... 112
36. Le futur simple ... 114
37. Le passé composé avec *avoir* ... 118
38. Le passé composé avec *être* ... 122
39. L'imparfait ... 126
40. L'imparfait et le passé composé ... 128
41. L'impératif ... 130
42. Le conditionnel présent ... 134
43. Le subjonctif présent ... 136

Tableaux de conjugaison ... 140

Tests 147

1. Les noms, les déterminants, les adjectifs (→ **leçons 1 à 10**) 148
2. Les pronoms (1) (→ **leçons 11 à 13**) 149
3. Les pronoms (2) (→ **leçons 14 à 17**) 150
4. Les prépositions (→ **leçons 18 et 19**) 151
5. Les adverbes (→ **leçons 20 et 21**) 152
6. La négation (→ **leçon 22**) 153
7. Les phrases interrogatives (→ **leçons 23 à 25**) 154
8. Les phrases complexes (→ **leçons 26 à 28**) 155
9. Le présent (→ **leçons 29 à 34**) 156
10. Le passé récent, le futur proche et le futur simple (→ **leçons 35 et 36**) ... 157
11. L'imparfait et le passé composé (→ **leçons 37 à 40**) 158
12. Les modes (→ **leçons 41 à 43**) 159

Corrigés et transcriptions 161

Corrigés et transcriptions des leçons 162
Corrigés des tests 182

Index 188

Index de grammaire 189
Index de conjugaison 192

Grammaire

1 Les noms : masculin et féminin

un employé, une employée

Le féminin des noms

Pour les personnes et les animaux, le nom masculin peut être transformé au féminin.

En général, on ajoute un **-e** au nom masculin :
un enseignan**t** → une enseignan**te**   un Américai**n** → une Américai**ne**
un employ**é** → une employ**ée**   un éléphan**t** → une éléphan**te**

Prononciation Quand on ajoute un **-e**, la consonne finale du mot masculin se prononce.

Cas particuliers :
- **-e** = **-e**
un journalist**e** → une journalist**e**   un Belg**e** → une Belg**e**

- **-er** ou **-ier** → **-ère** ou **-ière**
un boulang**er** → une boulang**ère**   un caiss**ier** → une caiss**ière**

- **-en** ou **-ien** → **-enne** ou **-ienne**
un Europé**en** → une Europé**enne**   un ch**ien** → une ch**ienne**

- **-on** ou **-ion** → **-onne** ou **-ionne**
un Bret**on** → une Bret**onne**   un champ**ion** → une champ**ionne**

- **-eur** → **-euse**
un dans**eur** → une dans**euse**   un jou**eur** → une jou**euse**

- **-teur** → **-trice**
un anima**teur** → une anima**trice**   un ac**teur** → une ac**trice**

- **masculin** ≠ **féminin**
un **homme** ≠ une **femme**   un **frère** ≠ une **sœur**
un **père** ≠ une **mère**   un **oncle** ≠ une **tante**
un **fils** ≠ une **fille**   un **neveu** ≠ une **nièce**

⚠ Un prince → une princesse
Un hôte → une hôtesse

⚠ Un chanteur → une chanteuse

Mémo

masculin	féminin
- consonne, - voyelle (é, i)	+ -e
-e	-e
-er, -ier	-ère, -ière
-en, -ien	-enne, -ienne
-on, -ion	-onne, -ionne
-eur	-euse
-teur	-trice

Exercices

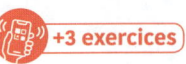

1 Écoutez et cochez (plusieurs possibilités).

	a	b	c	d	e	f	g	h	i	j	k	l
masculin	☐	☐	☐	☐	☐	☐	☐	☐	☐	☐	☐	☐
féminin	☑	☐	☐	☐	☐	☐	☐	☐	☐	☐	☐	☐

2 Écrivez le féminin des noms.

a. un client → une **cliente**

b. un pianiste → une ....

c. un dentiste → une ....

d. un ami → une ....

e. un voisin → une ....

f. un lion → une ....

g. un collègue → une ....

h. un étudiant → une ....

3 Écrivez le masculin des noms.

a. une touriste → un **touriste**

b. une retraitée → un ....

c. une avocate → un ....

d. une malade → un ....

e. une mariée → un ....

f. une employée → un ....

g. une marchande → un ....

h. une gagnante → un ....

4 Retrouvez dans la grille le féminin des noms proposés.

[~~chanteur~~ - comédien - infirmier - boucher - directeur - acteur - boulanger - coiffeur - vendeur - danseur]

Associez les lettres qui restent,
à l'exception des Z, pour créer un mot :
....

C	H	A	N	T	E	U	S	E	I	I
B	O	U	C	H	È	R	E	S	N	D
O	N	M	Z	E	Z	Z	T	U	F	I
U	A	I	É	Z	Z	I	Z	E	I	R
L	Z	Z	Z	D	Z	Z	Z	S	R	E
A	A	C	T	R	I	C	E	N	M	C
N	F	Z	Z	N	Z	E	E	Z	A	I
G	E	Z	Z	R	O	M	N	D	È	R
È	Z	C	Z	Z	N	Z	Z	N	R	I
R	V	E	N	D	E	U	S	E	E	C
E	E	S	U	E	F	F	I	O	C	E

5 Transformez au féminin.

Je voudrais être champion de tennis, boulanger, acteur, bijoutier, coiffeur, prince, comédien, peintre...

→ Moi aussi, je voudrais **être championne de tennis,** ....

....

....

Les noms : masculin et féminin

2 Les noms : singulier et pluriel

une fleur, des fleurs

Singulier ou pluriel ?

Un nom est singulier quand on parle d'une chose, d'une personne ou d'un animal :
un pantalon, **un** médecin, **une** amie, **un** chat, **une** lionne

Un nom est pluriel quand on parle de deux, trois, quatre… choses, personnes ou animaux :
des pantalon**s**, **des** médecin**s**, **des** amie**s**, **des** chat**s**, **des** lionne**s**

Le pluriel des noms

En général, on ajoute un **-s** au nom singulier :

un ami → des ami**s**   une fleur → des fleur**s**
un fou → des fou**s**   un œuf → des œuf**s**

⚠ un bijou → des bijou**x**
un chou → des chou**x**
un genou → des genou**x**

Cas particuliers :

● **-au**, **-eau** ou **-eu** → **-aux**, **-eaux** ou **-eux**
un noy**au** → des noy**aux**   un li**eu** → des li**eux**
un cad**eau** → des cad**eaux**

● **-al** ou **-ail** → **-aux**
un chev**al** → des chev**aux**   un trav**ail** → des trav**aux**

⚠ un festiv**al** → des festival**s**

● **-s**, **-z** ou **-x** → **-s**, **-z** ou **-x**
un cour**s** → des cour**s**   un pri**x** → des pri**x**
un ne**z** → des ne**z**

● singulier ≠ pluriel
monsieur ≠ messieurs   un œil ≠ des yeux
madame ≠ mesdames

Mémo

singulier	pluriel
- consonne, - voyelle (e, i, o, u)	+ -s
-au, -eau, -eu	-aux, -eaux, -eux
-al, -ail	-aux
-s, -z, -x	-s, -z, -x

Exercices

1 Rédigez les rêves de Charles en mettant les noms en gras au pluriel.

a. Pour mon anniversaire, je voudrais avoir :

- **un jeu** de société
- **un ballon**
- **un bateau**
- **une voiture**
- **un gâteau** au chocolat

b. Au zoo, je voudrais voir :

- **un animal**
- **un éléphant**
- **un tigre**
- **un oiseau**
- **une girafe**

a. Pour mon anniversaire, je voudrais avoir **des jeux de société,** ....
....
b. ....
....

2 Complétez avec les noms au pluriel.

a. Nous n'avons plus beaucoup de [sou] **sous** pour offrir un cadeau à notre mère.
b. Antoine a acheté deux [bijou] .... à sa femme : un bracelet et un collier.
c. Les [chou] .... à la crème sont les gâteaux préférés des enfants !
d. Les [cou] .... des girafes sont très longs.
e. Les enfants adorent faire des [bisou] .... à leurs parents.
f. Sur les routes d'Australie, on peut voir très souvent des [kangourou] ....
g. Oh, il y a des [trou] .... à ton pantalon !

3 Écrivez les réponses à ces devinettes.

a. Ceux des girafes sont très longs. → les c**ous**
b. On les offre à Noël. → les c...
c. Ce sont des fêtes culturelles (chant, lecture, danse…). → les f...
d. Les échecs, le Mahjong en sont des exemples. → les j...
e. On les porte autour du cou, aux oreilles, aux doigts, aux poignets. → les b...

4 Complétez avec les noms au pluriel.

a. [Madame] **Mesdames** et [monsieur] .... , bienvenus au théâtre.
b. Avez-vous des [œuf] .... pour faire des [gâteau] .... au chocolat ?
c. Pouvez-vous m'indiquer les [prix] .... des deux [article] .... ?
d. J'ai mal aux [œil] .... , je vais acheter des [médicament] ....
e. J'ai visité quatre [pays] .... en Afrique et cinq [ville] .... en Europe.
f. Les [château] .... et les [musée] .... en Espagne sont magnifiques.

Les noms : singulier et pluriel

3 Les articles définis et indéfinis

Ils sont dans le jardin. Elle garde des chats.

L'article indéfini : un, une, des

On utilise l'article indéfini (*un, une, des*) avec des objets, des animaux ou des personnes qu'on ne connaît pas (non déterminés).

- nom masculin singulier : **un**

Je vois **un** professeur.   Je lis **un** livre.

- nom féminin singulier : **une**

On visite **une** maison.   J'ai parlé à **une** femme.

- nom masculin ou féminin pluriel : **des**

Elle garde **des** chats.   Il y a **des** filles.

Prononciation un appartement, des informations

L'article défini : le, la, les

On utilise l'article défini (*le, la, les*) :

- avec les objets, les animaux ou les personnes qu'on connaît (déterminés).
- nom masculin singulier : **le**

Je vois **le** professeur de ma fille.   Je sors promener **le** chien.
C'est **l'**anniversaire de Théo.
- nom féminin singulier : **la**

On visite **la** maison de Sophie.   Tu peux fermer **la** fenêtre ?
Je demande **l'**addition au serveur ?
- nom masculin ou féminin pluriel : **les**

Elle garde **les** chats du voisin.   Où sont **les** filles ?

- pour parler d'une notion générale.

Le café est plus cher maintenant ! (le café en général, tous les cafés)
Les animaux sont interdits dans le restaurant. (les animaux en général : chiens, chats…)

Prononciation les animaux, les oiseaux

Mémo

	singulier		pluriel	
	masculin	féminin	masculin	féminin
article indéfini	un	une	des	
article défini	le (l')	la (l')	les	

12 Les déterminants

Exercices

1 Écoutez et cochez l'article utilisé dans chaque phrase.

	a	b	c	d	e	f	g	h	i
un, une	✓	☐	☐	☐	☐	☐	☐	☐	☐
des	☐	☐	☐	☐	☐	☐	☐	☐	☐
le, la, l'	☐	☐	☐	☐	☐	☐	☐	☐	☐
les	☐	☐	☐	☐	☐	☐	☐	☐	☐

2 Complétez avec *le, la, l'* ou *les* (**M** pour masculin, **F** pour féminin).

a. **le** salon **M**

b. .... chambre **F**

c. .... toilettes **F**

d. .... entrée **F**

e. .... cuisine **F**

f. .... garage **M**

g. .... fenêtres **F**

3 Écrivez les mots au pluriel.

a. [un livre] **des livres**

b. [une personne] ....

c. [un ordinateur] ....

d. [un avion] ....

e. [la clé] ....

f. [le message] ....

g. [la maison] ....

h. [une idée] ....

4 Écrivez les mots au singulier.

a. [les réunions] **la réunion**

b. [des vêtements] ....

c. [les enfants] ....

d. [des chèques] ....

e. [des erreurs] ....

f. [les informations] ....

g. [des tables] ....

5 Complétez avec un article défini.

a. On va dormir à **l'**hôtel de France.

b. Vous prenez .... petit-déjeuner à 7 h 30.

c. Nous allons visiter .... château de Versailles.

d. On prend .... métro pour aller à .... tour Eiffel.

e. Il faut descendre .... valises à 8 h demain.

f. Vous devez libérer .... chambre à 11 h.

g. On se retrouve à .... entrée du musée.

6 Soulignez l'article qui convient.

Samedi, c'est [**L'** / un] anniversaire d'Éliana. Elle a invité [les / des] amis à [la / une] petite fête. [Les / Des] amis d'Éliana veulent offrir [le / un] cadeau mais chaque personne a [l' / une] idée différente. Audrey travaille dans [la / une] boutique de chaussures et elle voudrait offrir [les / des] chaussures. Nadja aime beaucoup [les / des] voyages et elle voudrait offrir [le / un] billet d'avion pour [le / un] week-end à Barcelone. Éliana aime [la / une] lecture alors Clément voudrait acheter [les / des] livres.

4 Les articles partitifs

Tu veux du gâteau ou de la glace ?

Les partitifs

- On utilise les articles partitifs quand on ne peut pas compter :
- un aliment : Tu veux **du** gâteau ? / Il faut **de la** farine.
- une boisson : J'ai fait **du** café. / Je bois **de l'**eau.
- un produit : Tu as **du** dentifrice ? / Je mets **de la** crème.
- une valeur morale ou physique : Il a **du** courage. / Il faut **de la** force.

- On utilise l'article partitif avec le verbe *faire* pour le sport et la musique.
Elle fait **du** judo.   Il fait **de la** guitare.

- article partitif masculin : **du**
J'ai acheté **du** pain.   Je bois **du** jus d'orange.
Il met **du** parfum.   Vous avez **de l'**argent ?

- article partitif féminin : **de la**
On mange **de la** glace.   Elle a **de la** chance.
Il y a **de la** neige.   Tu veux **de l'**eau ?

⚡ Avec les verbes *aimer, détester, préférer, adorer…* on utilise un article défini :

J'**adore le** pain. (= le pain en général)
J'**aime la** glace. (= la glace en général)
Je **déteste l'**eau. (= l'eau en général)

Mémo

masculin	féminin
du (de l')	de la (de l')

Exercices

1 Écoutez et cochez l'article utilisé dans chaque phrase.

	a	b	c	d	e	f
du	✓	☐	☐	☐	☐	☐
de la	☐	☐	☐	☐	☐	☐
de l'	☐	☐	☐	☐	☐	☐

2 Complétez les phrases avec l'article partitif qui convient.

a. [le violon] Elle fait **du violon.**
b. [l'escalade] Il fait ....
c. [la gymnastique] Elle fait ....
d. [l'escrime] On fait ....
e. [le ski] Il fait ....
f. [la natation] Nous faisons ....

3 Complétez avec *le, l', la* ou *du, de l', de la* (**M** pour masculin, **F** pour féminin).

a. Oui, je veux bien **du** jus de fruit **M**. Tu me donnes .... bouteille **F**, s'il te plaît ?
b. Est-ce que tu as .... temps **M** de lire ce document pour demain ? Il y a 158 pages !
c. Oui, j'adore .... art **M** ! Vous savez, le dimanche, je fais .... peinture **F**.
d. Non, je n'ai pas fini. Vous savez, il faut .... temps **M** pour construire une maison.
e. Tu as .... chance **F**. Tu as une maison, ... travail **M** et .... argent **M** !
f. .... séjour **M** n'a pas été agréable : on a eu .... pluie **F** tous les jours.
g. Il veut faire .... théâtre **M**. Mais c'est difficile de trouver un emploi dans .... théâtre **M**.
h. .... riz **M** n'est pas une spécialité française.

4 Complétez avec *un, une* ou *du, de l', de la*.

a. Tu peux acheter **un** croissant **M** à la boulangerie ?
b. Pour commencer le repas, je vous propose .... champagne **M** !
c. Je dois faire .... sport **M** alors j'ai acheté .... vélo **M**.
d. Il y a .... vent **M** ce matin.
e. Tu veux prendre .... verre **M** ? J'ai .... jus de pomme **M** si tu veux.
f. L'hôtel n'est pas confortable : il y a .... bruit **M** dans la cour, on ne peut pas dormir.
g. Vous attendez depuis une heure ? Vous avez .... patience **F** !
h. Sous la douche, j'utilise .... savon **M** et .... shampoing **M**.

5 Soulignez les noms qui conviennent.

a. Je vais manger du [<u>pain</u> / <u>fromage</u> / pomme].
b. Aujourd'hui, à Marseille, il y a du [football / vent / nuages].
c. Tu peux me donner de l' [eau / confiture / argent] ?
d. C'est un travail difficile, il faut du [énergie / temps / courage].
e. Pour apprendre une langue, il faut de la [volonté / travail / patience].
f. On a acheté de la [salade / crème / lait].
g. Il fait de l' [boxe / aviron / escrime].
h. Pour faire un gâteau, il faut du [sucre / farine / beurre].
i. Pour être un champion olympique, il faut du [calme / courage / force].

Les articles partitifs

5 Les articles et la négation

Il n'aime pas le café. Je n'ai plus de thé.

Les articles définis

Avec une négation (*ne… pas, ne… plus, ne… jamais*) : **le, la, les** = **le, la, les**
Elle connaît **la** ville. → Elle **ne** connaît **pas la** ville.
Il aime **le** café. → Il **n'**aime **plus le** café.
Il dessine **les** fleurs du jardin. → Il **ne** dessine **jamais les** fleurs du jardin.

 Souvent, on ne dit pas le *ne* à l'oral : J'aime pas le chocolat.

Les articles indéfinis et les articles partitifs

Avec une négation (*ne… pas, ne… plus, ne… jamais*) : **un, une, des, du, de la** → **de**
J'ai **une** voiture. → Je **n'**ai **pas de** voiture.
J'ai **du** thé. → Je **n'**ai **plus de** thé.
Ils ont **de la** chance. → Ils **n'**ont **jamais de** chance.
J'ai acheté **des** fraises. → Je **n'**ai **pas** acheté **de** fraises.
Elle a **des** pâtes. → Elle **n'**a **plus de** pâtes.

 Avec *c'est* et *ce sont* : **un, une, des, du, de la** = **un, une, des, du, de la** :

C'est **un** spectacle de danse. → Ce **n'**est **pas un** spectacle de danse.
C'est **de l'**or. → Ce **n'**est **pas de l'**or.
Ce sont **des** poires. → Ce **ne** sont **pas des** poires.

Prononciation En général, le -e dans *pas de* n'est pas prononcé : Je **n'**ai **pas d'** vêtements.

 Souvent, on ne dit pas le *ne* à l'oral : J'ai pas de voiture.

Mémo

	articles définis	articles indéfinis	articles partitifs
négation	le, la, les	de	de

Les déterminants

Exercices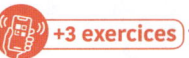

1 Transformez à la forme négative.

a. J'ai une voiture. → **Je n'ai pas de voiture.**

b. Tu veux un yaourt ? → ....

c. Il a de l'argent. → ....

d. Elle mange des fruits. → ....

e. Coralie a un travail. → ....

f. Elle fait de la natation. → ....

2 Écoutez et répondez aux questions. 🔊 13

a. — Non, **je ne transporte pas de cigarettes.**

b. — Non, ...

c. — Non, ...

d. — Non, ...

e. — Non, ...

f. — Non, ...

g. — Non, ...

3 Répondez avec une forme négative en utilisant le mot proposé.

a. — Elle aime les roses ? [tulipes]

— Oui, mais **pas les tulipes.**

b. — Il a de l'argent ? [amis]

— Oui, mais ....

c. — Tu as acheté les billets d'avion ? [billets de train]

— Oui, mais ....

d. — Ils vendent du fromage ? [fromage italien]

— Oui, mais ....

e. — Elle aime le café ? [thé]

— Oui, mais ....

f. — Vous avez un ordinateur ? [imprimante]

— Oui, mais ....

g. — Dans la chambre, il y a une douche ? [baignoire]

— Oui, mais ....

h. — Vous voulez visiter des maisons ? [appartements]

— Oui, mais ....

i. — Ils connaissent la ville ? [région]

— Oui, mais ....

6 Les adjectifs démonstratifs

Ce sac, cette femme, ces sacs, ces femmes

Le singulier

On utilise **ce**, **cette** pour montrer une chose ou une personne.

- masculin singulier : **ce**
Je veux **un** sac. → Je veux **ce** sac.
Il connaît **un** artiste. → Il connaît **cet** artiste.

Prononciation cet artiste, cet enfant

> **ce → cet**
> devant a, e, i, o, u et h

- féminin singulier : **cette**
J'étudie dans **une** école. → J'étudie dans **cette** école.
Une femme est drôle. → **Cette** femme est drôle.

Le pluriel

On utilise **ces** pour montrer deux, trois, quatre… choses ou personnes.

- masculin pluriel : **ces**
Je travaille dans **des** bureaux. → Je travaille dans **ces** bureaux.
Des enfants jouent. → **Ces** enfants jouent.

Prononciation ces ordinateurs, ces hommes

- féminin pluriel : **ces**
Il voudrait **des** lunettes. → Il voudrait **ces** lunettes.
Vous connaissez **des** chansons ? → Vous connaissez **ces** chansons ?

Mémo

	singulier	pluriel
masculin	ce (cet)	ces
féminin	cette	

Exercices

1 Associez (**M** pour masculin, **F** pour féminin) (plusieurs réponses possibles).

À qui est :
a. ce
b. cet
c. cette

1. parapluie **M** ?
2. voiture **F** ?
3. stylo **M** ?
4. album **M** photo ?

À qui est :
d. ce
e. cet
f. cette

5. ordinateur **M** ?
6. montre **F** ?
7. table **F** ?
8. manteau **M** ?

18   Les déterminants

2 Complétez avec *ce, cet, cette* ou *ces*.

a. **ce** chapeau **M**
b. .... stylo **M**
c. .... femmes **F**
d. .... homme **M**
e. .... enfant **M**
f. .... chambre **F**

3 Soulignez la proposition qui convient.

a. [Ce / Cet / Ces] week-end **M**, nous allons en Alsace.
b. [Cette / Cet / Ce] hôtel **M** est vraiment charmant.
c. [Ces / Ce / Cet] appartements **M** sont à louer.
d. As-tu vu [ces / cette / ce] film **M** au cinéma ?
e. Je voudrais essayer [cet / cette / ces] paire **F** de bottes.
f. [Ce / Ces / Cet] artiste **M** est célèbre.

4 Retrouvez et écrivez les adjectifs démonstratifs et les noms qui peuvent leur correspondre.

A	C	E	T	T	E	B	I	N	O
C	H	A	U	S	S	U	R	E	S
E	I	V	O	I	T	U	R	E	C
C	E	S	P	A	H	O	M	M	E
M	N	E	N	T	P	O	I	R	T

a. **cette voiture**
b. ....
c. ....
d. ....

5 Écoutez et répondez en utilisant les mots proposés et les adjectifs démonstratifs qui conviennent. 🔊 16

a. [homme] — Non, **il ne connaît pas cet homme.**
b. [gâteau] — Non, ...
c. [film] — Non, ...
d. [langue] — Non, ...
e. [album] — Non, ...
f. [matière] — Non, ...
g. [monument] — Non, ...
h. [bijou] — Non, ...

6 Complétez avec un adjectif démonstratif.

a. Au marché
— Elles sont bonnes **ces** fraises **F** ?
— Oui, excellentes.
— Et .... framboises **F** et .... abricots **M** ?
— Oui, aussi. Tous .... fruits **M** viennent de France.

b. Dans un magasin de vêtements
— Je voudrais essayer .... pantalon **M** et .... veste **F** en taille 38.
— Désolé, je n'ai plus .... veste **F** en 38. Par contre, j'ai .... chemisier **M** qui irait très bien avec le pantalon.
— Ah oui, ce n'est pas mal. Et .... chaussures **F** en 39, vous les avez ?

7 Les adjectifs possessifs

ma nièce, son ordinateur, vos chaussures, leurs chiens

Le singulier

On utilise les adjectifs possessifs au singulier pour dire à qui est une chose, un animal ou une personne.

- masculin singulier : **mon, ton, son, notre, votre, leur**

Ce portefeuille est **à moi**. → C'est **mon** portefeuille.
Cet appartement est **à toi**. → C'est **ton** appartement.
C'est l'ami **de Pierre**. → C'est **son** ami.
Ce dossier est **à nous**. → C'est **notre** dossier.
Ce colis est **à vous**. → C'est **votre** colis.
C'est le collègue **de Laura et François**. → C'est **leur** collègue.

Prononciation mon oncle, ton appartement, son ami

- féminin singulier : **ma, ta, sa, notre, votre, leur**

Cette carte est **à moi**. → C'est **ma** carte.
Cette proposition vient **de toi**. → C'est **ta** proposition.
C'est la femme **de Julien**. → C'est **sa** femme.
Cette chienne est **à nous**. → C'est **notre** chienne.
Cette revue est **à vous**. → C'est **votre** revue.
C'est la nièce **de Léo et Alicia**. → C'est **leur** nièce.

 Si le nom féminin commence par une voyelle (a, e, i, o, u), on utilise **mon, ton, son** :

Cette adresse est **à moi**. → C'est **mon** adresse.
Cette invitation est **à toi**. → C'est **ton** invitation.
C'est l'amie **de Myriam**. → C'est **son** amie.

Prononciation mon adresse, ton invitation, son amie

Le pluriel

On utilise les adjectifs possessifs au pluriel pour dire à qui sont deux, trois, quatre… choses, animaux ou personnes.

- masculin pluriel : **mes, tes, ses, nos, vos, leurs**

Ces stylos sont **à moi**. → Ce sont **mes** stylos.
Ces paquets sont **à toi**. → Ce sont **tes** paquets.
Ce sont les frères **de Jules**. → Ce sont **ses** frères.
Ces livres sont **à nous**. → Ce sont **nos** livres.
Ces médicaments sont **à vous**. → Ce sont **vos** médicaments.
Ce sont les oiseaux **de mes voisins**. → Ce sont **leurs** oiseaux.

20 Les déterminants

- **féminin pluriel : mes, tes, ses, nos, vos, leurs**

Ces affaires sont **à moi**. → Ce sont **mes** affaires.
Ces idées sont **à toi**. → Ce sont **tes** idées.
Ce sont les assistantes **de Lucie**. → Ce sont **ses** assistantes.
Ces clés sont **à nous**. → Ce sont **nos** clés.
Ces chaussures sont **à vous**. → Ce sont **vos** chaussures.
Ce sont les filles **de Stéphane et Julie**. → Ce sont **leurs** filles.

<u>Prononciation</u> masculin et féminin pluriel : mes affaires, tes idées, ses assistantes, nos écouteurs, vos hôtels, leurs oiseaux

Mémo

	singulier		pluriel	
	masculin	féminin	masculin	féminin
à moi	mon	ma (mon)	mes	
à toi	ton	ta (ton)	tes	
à lui, à elle	son	sa (son)	ses	
à nous	notre		nos	
à vous	votre		vos	
à eux, à elles	leur		leurs	

Exercices

 +3 exercices

1 Écoutez et cochez *masculin* ou *féminin* et *singulier* ou *pluriel* pour les noms de chaque phrase.

19

	a	b	c	d	e	f	g	h
masculin	✓	☐	☐	☐	☐	☐	☐	☐
féminin	☐	☐	☐	☐	☐	☐	☐	☐
singulier	✓	☐	☐	☐	☐	☐	☐	☐
pluriel	☐	☐	☐	☐	☐	☐	☐	☐

2 Associez (**M** pour masculin, **F** pour féminin) (plusieurs possibilités).

a. C'est mon
b. C'est ma
c. Ce sont mes

1. livre **M**
2. cahiers **M**
3. trousse **F**
4. sac **M**
5. gomme **F**

	a	b	c
1			

Les adjectifs possessifs

3 Soulignez l'adjectif possessif qui convient.

a. Je vous présente [<u>ma</u> / mon] mère **F** et [ma / mon] père **M**.

b. Monsieur, montrez-moi [votre / vos] papiers **M**.

c. J'ai oublié [ma / mon] parapluie **M** dans [votre / vos] boutique **F**.

d. [Leur / Leurs] amis **M** ont acheté un vase.

e. Quelle est [ton / ta] adresse **F** électronique ?

f. [Son / Sa] sœur **F** a obtenu son baccalauréat.

g. Alexandra, tu as laissé [ton / ta] téléphone **M** dans [ma / mon] voiture **F**.

4 Remettez les lettres dans l'ordre pour trouver l'adjectif possessif et le nom qui l'accompagne. Puis cochez le genre et le nombre (féminin **F** ou masculin **M** / singulier **S** ou pluriel **P**).

a. [M / M / A / E / R / È] ma mère ☑F ☐M ☑S ☐P

b. [L / F / I / V / T / O / R / E / L / E] .... ☐F ☐M ☐S ☐P

c. [M / T / O / E / N / A / I] .... ☐F ☐M ☐S ☐P

d. [S / N / O / M / R / A / I] .... ☐F ☐M ☐S ☐P

e. [R / È / N / S / F / E / R / O / S] .... ☐F ☐M ☐S ☐P

f. [M / F / O / L / N / I / S] .... ☐F ☐M ☐S ☐P

g. [P / I / A / S / O / C / E / N] .... ☐F ☐M ☐S ☐P

5 Complétez avec l'adjectif possessif qui convient.

a. J'ai le numéro de téléphone de Lalie mais je n'ai pas **son** adresse **F**.

b. Pourquoi tu prends le bus ? .... voiture **F** est en panne ?

c. Lola, j'ai bien reçu .... invitation **F** pour la fête du 20 août.

d. Léo n'est pas venu au lycée donc tu dois signaler .... absence **F** à .... parents **M**.

e. Monsieur, nous avons réparé .... lunettes **F**.

f. Pierre part demain à Cannes, car .... actrice **F** préférée va monter les marches du Palais des festivals.

g. M. Bruneau, prenez-vous des stagiaires dans .... entreprise **F** ?

h. François, est-ce que tu es allé chercher .... passeport **M** ?

6 Écrivez les groupes de mots.

a. sa maison [immense] **son immense maison**

b. ton amie [meilleure] ....

c. mon école [merveilleuse] ....

d. ta nouvelle [incroyable] ....

e. son erreur [grosse] ....

f. ton auto [petite] ....

g. ta voisine [ancienne] ....

h. ma fille [adorable] ....

7 Répondez en utilisant les mots proposés et un adjectif possessif.

a. — Quel âge a **l'ami de Christine** ? [42 ans]
— **Son ami a 42 ans.**

b. — Quelle est **l'adresse électronique de Roberto** ? [robertino@gmail.fr]
— ....

c. — Comment s'appellent **les parents de Céline** ? [Béatrice et Rémi]
— ....

d. — Comment s'appelle **le frère de Yumi** ? [Hidefumi]
— ....

e. — Quelle est la profession **du mari d'Émilie** ? [avocat]
— ....

f. — Quel âge a **la sœur de Claire** ? [25 ans]
— ....

g. — Quel est **le nom de Marine** ? [Mercier]
— ....

8 Écoutez et répondez en utilisant un adjectif possessif. 🔊 20

a. — Oui, **c'est son sac.**
b. — Oui, ...
c. — Oui, ...
d. — Oui, ...
e. — Oui, ...
f. — Oui, ...
g. — Oui, ...
h. — Oui, ...

9 Complétez le texte avec les mots proposés et les adjectifs possessifs qui conviennent.
[vêtements – mari – petit-fils – fille – voisins – chaussons – ~~maison~~ – santé – chemise]

Le matin, en général, quand je quitte **ma maison** je dis bonjour à ....
Ils me parlent du temps, de .... et de .... Samy.
Mais ce matin, ils m'ont demandé si tout allait bien. Puis .... Angélique
est sortie, elle m'a regardée et a commencé à rire. Elle m'a dit que .... étaient
vraiment bizarres. Alors, je suis retournée chez moi, je me suis regardée dans le miroir et j'ai ri aussi !
Je portais les vêtements de Pierre, ... c'est-à-dire
.... et ....
Je n'étais vraiment pas réveillée ce matin !

8 La quantité indéterminée

J'ai beaucoup de livres. Il y a la fête dans tout le village.

L'expression de la quantité indéterminée

On utilise **un peu de**, **aucun**, **quelques**… quand on ne connaît pas la quantité exacte pour une chose, une personne, etc.

- **un peu de**, **chaque**, **aucun** + nom singulier :

un peu de temps	chaque année
un peu de gentillesse	aucun problème
chaque jour	aucune erreur

⚠️ Aucun(e) + ne / ne + aucun(e) : **Aucun** étudiant **n'**est sympa. Je **ne** connais **aucune** étudiante.

- **le même**, **tout le**, **un autre**, **l'autre** + nom singulier ou pluriel :

le même étudiant	un autre soir
la même fleur	une autre chemise
les mêmes pantalons	d'autres amis
les mêmes robes	d'autres personnes
tout le village	l'autre matin
toute la ville	l'autre semaine
tous les arbres	les autres pays
toutes les fleurs	les autres maisons

- **plusieurs**, **quelques**, **beaucoup de** + nom pluriel :

plusieurs enfants	quelques minutes
plusieurs mères	beaucoup de livres
quelques ordinateurs	beaucoup de lettres

⚠️ **beaucoup de** + **nom singulier** quand le nom est une notion générale :

beaucoup de café	beaucoup de courage

Mémo

+ nom singulier	+ nom singulier	+ nom pluriel	+ nom pluriel
un peu de chaque aucun, aucune	le même, la même tout le, toute la un autre, une autre l'autre	les mêmes tous les, toutes les d'autres les autres	beaucoup de quelques plusieurs

Exercices

1 Reconstituez les mots et cochez les expressions de quantité qui peuvent être suivies d'un pluriel.
a. [euelqqus] **quelques** ☑
b. [lpusrieus] .... ☐
c. [nu epu ed] .... ☐
d. [el mmêe] .... ☐
e. [nu ature] .... ☐
f. [quhace] .... ☐
g. [l'uaret] .... ☐
h. [ttuo el] .... ☐
i. [pabueocu ed] .... ☐
j. [ettou al] .... ☐

2 Complétez avec *tout le*, *toute la*, *tous les* ou *toutes les* (**M** pour masculin et **F** pour féminin).
a. Nous travaillons **tous les** lundis **M**.
b. .... groupe **M** est arrivé.
c. Qu'est-ce que tu fais .... journée **F** ?
d. .... idées **F** sont bonnes.
e. Ils vont au cinéma .... week-ends **M**.
f. Est-ce que .... travail **M** est terminé ?

3 Soulignez la proposition qui convient.
a. — Tu sors [<u>chaque</u> / tous les] soir ?
— Oui, et je me repose [chaque / tous les] matins.
b. — Vous connaissez [chaque / tous les] monument de Paris ?
— Non, je n'ai pas visité [chaque / tous les] monuments de Paris.
c. — Les enfants se brossent les dents [chaque / tous les] matin ?
— Oui, et ils prennent une douche [chaque / tous les] soirs.
d. — [Tous les / Chaque] aliments que vous vendez sont naturels ?
— Oui, bien sûr. [Chaque / Tous les] fruit vient de l'agriculture biologique.

4 Écoutez et répondez en utilisant *ne... aucun* ou *ne... aucune* et les mots proposés. 🎧 22
a. [photo] — Non, **elle n'a aucune photo.**
b. [livre] — Non, ...
c. [travail] — Non, ...
d. [vêtement] — Non, ...
e. [musique] — Non, ...
f. [gâteau] — Non, ...

La quantité indéterminée **25**

9 L'accord des adjectifs qualificatifs

un restaurant traditionnel, des touristes espagnols

Le masculin et le féminin

En général, on ajoute un **-e** à l'adjectif masculin pour obtenir le féminin.
un cadre dor**é** → une horloge dor**ée**   un poisson cr**u** → une viande cr**ue**
un garçon pol**i** → une fille pol**ie**   un étudiant françai**s** → une étudiante françai**se**
un gran**d** salon → une gran**de** chambre

Cas particuliers :

● **-e = -e**
il est jeun**e** → elle est jeun**e**   un homme trist**e** → une femme trist**e**

● **-en** ou **-ien** → **-enne** ou **-ienne**
un monument coré**en** → une ville coré**enne**
un garçon armén**ien** → une fille armén**ienne**

● **-el** → **-elle**
un sujet habitu**el** → une activité habitu**elle**
un restaurant traditionn**el** → une recette traditionn**elle**

● **-on** → **-onne**
un b**on** gâteau → une b**onne** tarte   un bébé mign**on** → une fille mign**onne**

● **-er** ou **-ier** → **-ère** ou **-ière**
un appartement ch**er** → une maison ch**ère**
il est f**ier** → elle est f**ière**

● **-eux** → **-euse**
un poème joy**eux** → une chanson joy**euse**
un chien affectu**eux** → une chienne affectu**euse**

● **-if** → **-ive**
un père sport**if** → une mère sport**ive**   un élève pens**if** → une élève pens**ive**

● **masculin ≠ féminin**
un **gros** sac → une **grosse** valise
un événement **fou** → une histoire **folle**
un mur **blanc** → une table **blanche**
un grand-père **gentil** → une grand-mère **gentille**
un **beau** village → une **belle** ville
un **bel** homme → une **belle** femme
un **nouveau** titre → une **nouvelle** chanson
un **nouvel** immeuble → une **nouvelle** maison
un **vieux** livre → une **vieille** revue
un **vieil** arbre → une **vieille** plante

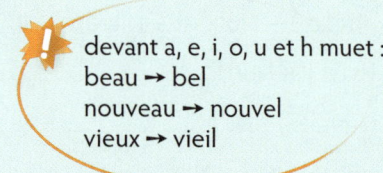

devant a, e, i, o, u et h muet :
beau → bel
nouveau → nouvel
vieux → vieil

Le singulier et le pluriel

En général, on ajoute **-s** à l'adjectif singulier.
un touriste espagno**l** → des touristes espagno**ls**
un paysage magnifiqu**e** → des paysages magnifiqu**es**
une pièce intéressant**e** → des pièces intéressant**es**
une surprise extraordinair**e** → des surprises extraordinair**es**

Cas particuliers :
- **-eau** → **-eaux**
un b**eau** parc → de b**eaux** parcs   un nouv**eau** magasin → de nouv**eaux** magasins

 adjectif devant le nom : **des** → **de**

- **-al** → **-aux**
un film géni**al** → des films géni**aux**   un mariage roy**al** → des mariages roy**aux**

- **-s** ou **-x** → **-s** ou **-x**
un tableau anglai**s** → des tableaux anglai**s**
un vieu**x** meuble → de vieu**x** meubles

Mémo

adjectif masculin singulier	adjectif féminin singulier
- consonne, - voyelle (-é, -i, -u)	+ e
-e	-e
-en, -ien	-enne, -ienne
-el	-elle
-on	-onne
-er, -ier	-ère, -ière
-eux	-euse
-if	-ive

adjectif singulier	adjectif pluriel
- consonne, - voyelle (e, i, o, u)	+ s
-eau	-eaux
-al	-aux
-s, -x	-s, -x

L'accord des adjectifs qualificatifs

Exercices

 +3 exercices

1 Transformez les adjectifs au féminin singulier.

a. un quartier calme → une rue **calme**

b. un petit garçon rêveur → une petite fille ....

c. un étudiant sérieux → une étudiante ....

d. un garçon exceptionnel → une femme ....

e. un garçon vif → une fille ....

f. un homme breton → une femme ....

2 Complétez avec l'adjectif proposé.

a. [fou] C'est une femme complètement **folle**.

b. [nouveau] Tu as lu le .... roman de Le Clézio ?

c. [gros] Il y a une .... araignée dans le salon.

d. [beau] Tu as une très .... chemise.

e. [nouveau] Il y a un .... informaticien dans mon entreprise.

f. [vieux] Où as-tu trouvé cette .... carte postale ?

g. [blanc] Regarde, tu as une tache sur ton chemisier ....

h. [gentil] Louise est vraiment une jeune fille très ....

3 Entourez dans la grille le féminin des adjectifs suivants.

[~~gentil~~ – anglais – italien – fier – noir – amoureux – mignon – petit – drôle – heureux – actuel – cher – étranger – sportif – grand]

E	N	E	S	I	A	L	G	N	A
D	A	O	A	L	C	O	L	O	U
N	M	U	I	U	T	U	E	U	U
A	O	E	U	R	U	D	T	O	M
R	U	U	A	O	E	R	I	I	S
G	R	N	O	F	L	Ô	T	T	P
G	E	N	T	I	L	L	E	A	O
U	U	D	U	È	E	E	P	L	R
O	S	U	O	R	O	U	O	I	T
H	E	U	R	E	U	S	E	E	I
C	H	È	R	E	O	E	U	N	V
U	O	M	I	G	N	O	N	N	E
É	T	R	A	N	G	È	R	E	O

Associez toutes les lettres qui restent (sauf les O et les U) pour créer un mot.

....

4 Écrivez les adjectifs au pluriel.

a. un étudiant intelligent → des étudiants **intelligents**

b. un écolier sérieux → des écoliers ....

c. une langue internationale → des langues ....

d. une revue régionale → des revues ....

e. une danseuse célèbre → des danseuses ....

5 Rédigez les phrases au féminin pluriel.

a. Mon petit frère est capricieux, irresponsable mais il est aussi adorable.

Mes petites sœurs sont capricieuses, irresponsables mais elles sont aussi adorables.

b. Mon collègue est travailleur, optimiste, organisé et patient.

....

c. Mon meilleur ami est grand et sportif. Il est drôle, cultivé mais il n'est pas toujours courageux.

....

....

d. Je déteste mon voisin. Il est compliqué, menteur et désagréable.

....

e. J'aime bien cet étudiant. Il est sérieux, dynamique et agréable en cours. Par contre, il est un peu timide.

....

....

f. Le vendeur est serviable, gentil, volontaire et drôle. Par contre, le boulanger est insupportable et orgueilleux.

....

....

g. Ce jeune bénévole est généreux, agréable, sympathique, patient et il est toujours joyeux !

....

....

6 Répondez aux questions en utilisant l'adjectif proposé.

a. — Tes filles sont grandes ? [petit] — Non, **elles sont petites.**

b. — Paco et Pedro sont calmes ? [nerveux] — Non, ...

c. — Kate et Lisa sont tristes ? [drôle] — Non, ...

d. — Tes chiens sont méchants ? [gentil] — Non, ...

e. — Vos voisines sont calmes ? [bruyant] — Non, ...

f. — Marta et Ana sont mexicaines ? [cubain] — Non, ...

7 Décrivez physiquement ces deux personnes en utilisant les mots proposés.

[les cheveux : long, brun, bouclé – les yeux : noir – sportif – beau]

a. Audrey a les cheveux longs, ...

....

....

[les cheveux : long, blond, raide – les yeux : bleu – grand – beau]

b. Mélissa ....

....

....

10 La place de l'adjectif

une rue bruyante, un nouvel immeuble

Les adjectifs après le nom

En général, les adjectifs se placent après le nom :

- les adjectifs de **couleur**

des **fruits** rouges   une **lampe** beige
des **bottes** noires   des **cheveux** gris

- les adjectifs de **nationalité**

une **entreprise** canadienne   la **frontière** belge
des **gâteaux** marocains   un **écrivain** américain

- les adjectifs de **qualité**

une **rue** bruyante   une **idée** concrète
un **canapé** confortable   une **programmation** originale

Les adjectifs avant le nom

Quelques adjectifs se placent avant le nom.

- les adjectifs fréquents et courts (*petit, grand, gros, beau, joli, bon, mauvais, vieux, autre, nouveau...*)

une **grande** fille   une **belle** robe
un **bel** album   de **nouvelles** histoires

⚠ adjectif devant le nom : **des → de**

- les adjectifs qui indiquent un classement (*premier, deuxième, dernier...*)

le **dernier** étage   le **quinzième** siècle
la **troisième** rue   les **premiers** jours

⚠ la **semaine** dernière
le **mois** dernier

Exercices

1 Écoutez et cochez la place de l'adjectif dans chaque phrase.

	a	b	c	d	e	f	g	h
avant le nom	☐	☐	☐	☐	☐	☐	☐	☐
après le nom	☑	☐	☐	☐	☐	☐	☐	☐

2 Soulignez les adjectifs, classez-les dans le tableau et cochez les cases.

Dans mon monde parfait, on trouve :

a. de petites boutiques ouvertes jusqu'à minuit.

b. des animations culturelles : danseurs argentins, chanteurs cubains, musiciens turcs…

c. de belles maisons avec des volets verts, des portes bleues…

d. des habitants avec des vêtements colorés : des vestes rouges, des manteaux violets…

e. des jeunes de dix ans ou de quinze ans qui font des activités avec des personnes âgées.

les adjectifs en général	les adjectifs de couleur	les adjectifs de nationalité	les adjectifs numéraux	les adjectifs courts et fréquents
…………	…………	…………	…………	petites
…………	…………	…………	…………	…………
…………	…………	…………	…………	…………
…………	…………	…………	…………	…………
☐ avant le nom	☐ avant le nom	☐ avant le nom	☐ avant le nom	☑ avant le nom
☐ après le nom	☐ après le nom	☐ après le nom	☐ après le nom	☐ après le nom

3 Transformez les phrases avec l'adjectif proposé. Faites les accords nécessaires.

a. Il m'a offert des **livres**. [intéressant]

→ **Il m'a offert des livres intéressants.**

b. J'aime travailler avec des **collègues**. [sérieux]

→ ………

c. Est-ce que tu as une **proposition** ? [autre]

→ ………

d. Il t'a offert une **bague**. [joli]

→ ………

4 Complétez les réponses avec le mot en gras et l'adjectif proposé.

a. — Il y a un **problème** ? [gros]

— Oui, il y a **un gros problème**.

b. — Vous avez des **photos** de vos enfants ? [récent]

— Bien sûr, j'ai ………………………………………………………………………………………………………

c. — Hum… Tu as fait un gâteau au **chocolat** ? [blanc]

— Oui, j'ai fait ……………………………………………………………………………………………………

d. — Il y a un **hôtel** dans ce quartier ? [beau]

— Oui, il y a ………………………………………………………………………………………………………

e. — Tu as pris le **métro** pour venir ici ? [dernier]

— Oui, c'était ………………………………………………………………………………………………………

11 Les pronoms toniques

Je vais bien, et toi ? On peut venir avec vous ?

Les pronoms sujets et les pronoms toniques

Les pronoms **moi, toi, lui, elle, nous, vous, eux, elles** remplacent des personnes.
Il y a un pronom tonique pour chaque pronom sujet.

Pronoms sujets	Pronoms toniques
je	moi
tu	toi
il / elle	lui / elle
nous / on	nous
vous	vous
ils / elles	eux / elles

Les pronoms toniques

On utilise les pronoms toniques :

- pour renforcer le pronom sujet (*je, tu, il...*)

Vous, **vous** allez où ? **Nous**, **nous** allons à Rio. = **Nous**, **on** va à Rio.

- après une préposition (*chez, pour, avec, à...*)

Je vais dormir **chez elle**. On peut venir **avec eux** ?

- avec une mise en relief (*c'est... qui*)

C'est **lui qui** a raison. Ce sont **elles qui** resteront plus tard.

- avec *et*

Je vais bien, **et toi** ? Clément **et moi**, on va au restaurant.

- avant *aussi, non plus*

Lui aussi, il aime aller au cinéma. **Moi non plus**, je n'ai pas d'enfants.

Exercices

1 Associez le pronom tonique avec la suite de la phrase.

a. Moi, 1. je suis italienne.
b. Toi, 2. vous êtes avocat ?
c. Lui, 3. tu es étudiant ?
d. Nous, 4. il parle arabe.
e. Vous, 5. on est coréens.

a	b	c	d	e
1				

2 Transformez le mot proposé en pronom tonique.

a. Je m'appelle Mathilde, et [tu] **toi** ?
b. Elle est française, et [son mari] .... ?
c. Lavania a 10 ans, et [vos filles] .... ?
d. J'arrive à midi, et [tes amis] .... ?
e. Je suis fatigué, et [tu] .... ?
f. Ils sont russes, et [vous] .... ?

3 Transformez les sujets en pronom tonique.

a. mon voisin → **lui**
b. une amie et sa grand-mère → ....
c. un ami et sa sœur → ....
d. mes deux sœurs et mon frère → ....
e. mon amie → ....
f. moi et deux autres personnes → ....

4 Répondez avec *aussi* ou *non plus*.

a. — Je fais du sport tous les jours. Et toi ? — **Moi aussi.**
b. — Mon père n'est pas en colère. Et ton père ? ....
c. — Ma fille part demain à Bora-Bora. Et tes filles ? ....
d. — Mes parents vont me rendre visite bientôt. Et tes parents ? ....
e. — Je ne vais pas travailler demain. Et toi ? ....
f. — Dimitri prend des cours de théâtre. Et Adriana ? ....
g. — Jacob n'a pas terminé l'exercice. Et Chloé ? ....

5 Transformez les phrases avec un pronom tonique.

a. Tu habites chez Arthur ? → **Tu habites chez lui ?**
b. Ce cadeau est pour Samantha et Malik. → ....
c. Je vais avec Yousef et Mark au cirque. → ....
d. Veux-tu aller chez Laura et Inès ? → ....
e. Cette voiture est pour Aaron. → ....
f. On se retrouve chez Paulo ? → ....

6 Complétez avec un pronom tonique.

a. — Tu veux venir manger à la maison ce soir ?
— Oui, bien sûr. Je viens chez **toi** à quelle heure ?
b. — Tu fais quoi au mois d'août ?
— Je vais à Lima avec Patricia. Tu veux venir avec .... ?
c. — Je voudrais parler au directeur.
— Désolé monsieur, il n'est pas là. Il est rentré chez ....
d. — Tu peux me rendre mon DVD du film *Le Prénom* ?
— Oui, je te le rends demain. Je l'ai oublié chez .... , dans mon salon.
e. — Est-ce que vous emmenez les enfants à la fête de Christa ?
— Oui, on y va avec .... normalement.
f. — Je voudrais un rendez-vous à 11 h avec Julie pour une coupe et une couleur.
— D'accord, c'est noté. 11 h avec ....

Les pronoms toniques

12 Les pronoms relatifs : *qui, que, où*

Elle n'a pas aimé le cadeau que j'ai acheté.

Les pronoms relatifs

On utilise les pronoms relatifs pour relier deux phrases avec un même nom.
Il y a **un film** au cinéma. **Le film** est bien. → Il y a **un film** au cinéma **qui** est bien.
J'ai rencontré **une femme**. Tu connais **la femme**. → J'ai rencontré **une femme que** tu connais.

Le pronom relatif *qui*

On utilise le pronom relatif *qui* pour un nom sujet.
Il y a **un étudiant**. **L'étudiant** vient de Toronto. → Il y a **un étudiant qui** vient de Toronto.
(l'étudiant = sujet du verbe *venir*)
L'arbre a plus de 200 ans. **L'arbre** est dans le jardin. → **L'arbre qui** est dans le jardin a plus de 200 ans.
(l'arbre = sujet du verbe *être*)

Le pronom relatif *que*

On utilise le pronom relatif *que* pour un nom complément d'objet direct (COD).
Elle n'a pas aimé **le cadeau**. J'ai acheté **le cadeau**. → Elle n'a pas aimé **le cadeau que** j'ai acheté.
(le cadeau = COD du verbe *acheter*)
L'écrivain habite à Rabat. On veut inviter **cet écrivain**. → **L'écrivain qu'**on veut inviter habite à Rabat.
(l'écrivain = COD du verbe *inviter*)

Le pronom relatif *où*

On utilise le pronom relatif *où* pour un nom complément de lieu.
Tu connais **l'entreprise** ? Elle travaille **dans une entreprise**. → Tu connais **l'entreprise où** elle travaille ? (dans une entreprise = complément de lieu du verbe *travailler*)
Le restaurant se trouve rue du Mail. On est allés **dans le restaurant**. → **Le restaurant où** on est allés se trouve rue du Mail. (dans le restaurant = complément de lieu du verbe *aller*)

Mémo

sujet	complément d'objet direct	complément de lieu
qui	que	où

Exercices

1 Écoutez et cochez le pronom relatif utilisé dans chaque phrase.

	a	b	c	d	e	f	g	h	i
qui	✓	☐	☐	☐	☐	☐	☐	☐	☐
que	☐	☐	☐	☐	☐	☐	☐	☐	☐
où	☐	☐	☐	☐	☐	☐	☐	☐	☐

2 Complétez avec *qui* ou *que*.

a. Je vais inviter une amie **qui** vient de Strasbourg et .... tu ne connais pas.

b. J'ai un problème avec l'ordinateur .... j'ai acheté hier et .... est dans mon bureau.

c. Comment s'appelle l'homme .... t'a téléphoné hier et .... tu as rencontré ?

d. On a rencontré des personnes .... ont été très gentilles et .... on n'oubliera jamais.

e. Ahmed est un ami .... Amélie connaît bien et .... connaît bien Amélie.

f. Carcassonne est une ville .... nous plaît beaucoup et .... nous adorons.

g. Il y a une exposition .... me semble très intéressante et .... je voudrais voir.

h. Vous avez trouvé le livre .... vous voulez lire et .... vous intéresse ?

3 Écrivez une seule phrase en utilisant *qui*, *que* ou *où*.

a. Je vais chez un ami. J'ai connu cet ami à l'école, il y a 20 ans.

Je vais chez un ami que j'ai connu à l'école, il y a 20 ans.

b. Nous accueillons Tomoko. Tomoko sera notre nouvelle dessinatrice.

....

c. Est-ce que tu as lu le livre ? Je t'ai offert le livre à Noël.

....

d. L'hôtel a une chambre. Napoléon a dormi dans cette chambre en 1815.

....

e. Vous avez aimé le musée. On a visité ce musée.

....

f. Il y a deux cinémas. On peut voir *Shokusai* dans ces deux cinémas.

....

g. Julie est une jeune collègue. Je trouve cette jeune collègue merveilleuse.

....

h. Son frère travaille dans une ville. Cette ville se trouve près de Montréal.

....

i. Comment s'appelle l'université ? Vous faites vos études dans cette université.

....

13 Les pronoms démonstratifs : celui, celle...

Je voudrais celui à 50 euros.

Les pronoms démonstratifs

● Les pronoms démonstratifs (*celui, celle, ceux, celles*) remplacent un nom (une chose, un animal ou une personne) qu'on montre ou dont on parle.

On va prendre **le vélo** de mon frère. → On va prendre **celui** de mon frère.
Comment s'appelle **la femme** qui est à droite ? → Comment s'appelle **celle** qui est à droite ?

● Quand on utilise le pronom seul (pronom + verbe ou pronom en fin de phrase), on ajoute en général **-là** derrière (*celui-là, celle-là, ceux-là, celles-là*).
Ce fauteuil est dans la chambre. → **Celui-là** est dans la chambre.
Je vais prendre **ces chaussures**, s'il vous plaît. → Je vais prendre **celles-là**, s'il vous plaît.

 On utilise **-ci** quand on propose un choix entre plusieurs éléments :

Quelles tomates tu veux, **celles-ci** ou celles-là ?

Le singulier et le pluriel

● Les pronoms démonstratifs **singuliers** remplacent une chose, un animal ou une personne.
- masculin : **celui**
Elle veut acheter **le sac** à 350 euros. → Elle veut acheter **celui** à 350 euros.
Je choisis **ce parfum**. → Je choisis **celui-là**.
- féminin : **celle**
Tu as **l'adresse** de Magali ? → Tu as **celle** de Magali ?
Je ne sais pas répondre à **cette question**. → Je ne sais pas répondre à **celle-là**.

● Les pronoms démonstratifs **pluriels** remplacent plusieurs choses, animaux ou personnes.
- masculin : **ceux**
Il adore **les jeux** en bois. → Il adore **ceux** en bois.
On va lire **ces livres**. → On va lire **ceux-là**.
- féminin : **celles**
J'ai pris **les clés** qui étaient sur le bureau. → J'ai pris **celles** qui étaient sur le bureau.
Vous préférez **ces fleurs** ? → Vous préférez **celles-là** ?

Les pronoms démonstratifs + préposition

On utilise les pronoms démonstratifs **celui, celle, ceux** et **celles** avec une préposition (*à, de, pour, en, avec, sans*) + complément.

Je voudrais **celui à** 50 euros. On va prendre **celle en** bois.
J'adore **celle de** mon voisin. Tu as vu **celui avec** des fleurs bleues ?
Tu as pris **celui pour** mon frère. Vous voulez **celui sans** décoration ?

Les pronoms démonstratifs + pronom relatif

On utilise les pronoms démonstratifs *celui*, *celle*, *ceux* et *celles* avec un pronom relatif (*qui*, *que*, *où*) + phrase.
Tu connais **celui qui** est à droite d'Alice ?
On a pris **ceux que** tu voulais.
On va dans **celle où** il y a de la musique.

Mémo

	singulier		pluriel	
	masculin	**féminin**	**masculin**	**féminin**
	celui	celle	ceux	celles

Exercices

1 Écoutez et cochez le pronom démonstratif utilisé dans chaque phrase.

	a	b	c	d	e	f	g	h
celui	☐	☐	☐	☐	☐	☐	☐	☐
celle	☑	☐	☐	☐	☐	☐	☐	☐
celles	☐	☐	☐	☐	☐	☐	☐	☐
ceux	☐	☐	☐	☐	☐	☐	☐	☐

2 Complétez les questions avec *celui-ci*, *celui-là*, *celle-ci*, *celle-là*…

a. Tu as lu quel livre, **celui-ci** ou **celui-là** ?
b. On prend quel menu, ... ou .... ?
c. Vous voulez quelles tomates, ... ou .... ?
d. Tu préfères quelle photo, ... ou .... ?
e. Quelle est votre place, ... ou .... ?
f. Tu mets quelle chemise, ... ou .... ?
g. On achète quels gâteaux, ... ou .... ?
h. Tu veux quel morceau, ... ou .... ?
i. Quelles sont vos clés, ... ou .... ?
j. On fait quels exercices, ... ou .... ?

3 Transformez avec les pronoms démonstratifs *celui-là, celle-là, ceux-là* ou *celles-là*.

a. — Quelles pommes est-ce qu'on achète ?

— Ces pommes. → **Celles-là.**

b. — Vous préférez quelle couleur ?

— Cette couleur. → ....

c. — Il faut faire quels exercices ?

— Tous ces exercices. → ....

d. — Quelles fleurs tu préfères ?

— Ces fleurs. → ....

e. — Je mets quelles assiettes sur la table ?

— Ces assiettes. → ....

f. — Tu as mis le livre dans quelle valise ?

— Dans cette valise. → ....

g. — Vous voulez quels champignons ?

— Ces champignons. → ....

h. — Tu as lu l'article dans quel journal ?

— Dans ce journal. → ....

4 Transformez en remplaçant les noms en gras par les pronoms *celui, celle, ceux* ou *celles*.

a. — À qui sont ces clés ?

— Ce sont **les clés** de Chloé. → **Ce sont celles de Chloé.**

b. — Vous allez voir quel film ce soir ?

— On va voir **le film** de Jean-Pierre Jeunet. → ....

c. — Oh, tu as changé de voiture ?

— Non, c'est **la voiture** de ma sœur. → ....

d. — On prend des kiwis ?

— Oui, on prend **les kiwis** de Provence. → ....

e. — Tous les trains sont en retard ?

— Non, **le train** de Marseille est à l'heure. → ....

f. — C'est le journal d'aujourd'hui ?

— Non, c'est **le journal** d'hier. → ....

g. — Alors, que pensez-vous de ma proposition ?

— Je préfère **la proposition** d'Amélie. → ....

h. — Elles vous vont très bien.

— Oui, mais **les lunettes** à 150 € sont plus jolies. → ....

5 Associez les deux parties de phrases.

a. Celle en
b. Celle qui
c. Celles à
d. Celles de
e. Celui où
f. Celui que
g. Ceux en

1. 59 € sont trop chères pour moi.
2. Clément sont vraiment bonnes.
3. est verte est de meilleure qualité.
4. j'ai trouvé ne me plaît pas.
5. métal semblent plus solides.
6. on est allés était très confortable.
7. or est bien plus jolie.

a	b	c	d	e	f	g
7						

6 Remettez les mots dans l'ordre.

a. [celles / qui / Prends / sur la table / sont / !]
Prends celles qui sont sur la table !

b. [ceux / Elle / beaucoup / aime / de Jean-Paul Dubois]
....

c. [celle / Tu / est / connais / qui / de Julien / à droite / ?]
....

d. [celle / Je / à / de Bordeaux / souvent / vais]
....

7 Écoutez et transformez les réponses. 🎧 40

a. [Julie m'a offert **ce miroir** pour mon anniversaire.]
— **C'est celui que Julie m'a offert pour mon anniversaire.**

b. [Je veux donner **ces vêtements** à ma sœur.]
— ....

c. [**Le train** part à 17 h.]
— ....

d. [Léonard de Vinci a habité **dans ce château**.]
— ....

e. [On va transformer **cette chambre** en bureau.]
— ....

f. [Mon frère a eu **ce prof de maths** l'année dernière.]
— ....

g. [Je préfère **les poires Conférence**.]
— ....

h. [Mme **Retailleau** porte un tailleur rouge.]
— ....

Les pronoms démonstratifs : *celui, celle, ceux, celles*

14 Les pronoms compléments d'objet direct (COD)

Vous nous écoutez ? Elle en mange souvent.

Les pronoms COD

On utilise le pronom complément d'objet direct (COD) pour remplacer une personne, un animal ou une chose. Il répond à la question « qui ? » ou « quoi ? » et se place avant le verbe.
C'est **ma cousine**. Nous **l'**aimons beaucoup. → Nous aimons beaucoup qui ? Ma cousine.
Les bonbons, il **les** mange. → Il mange quoi ? Les bonbons.

Les pronoms personnels COD

● Les pronoms qui remplacent des personnes : **me, te, le, la, nous, vous, les**

Ils **me** regardent ?   Nous attendons **Laura** ? → Nous **l'**attendons ?
Elle **t'**aime beaucoup.   Vous **nous** écoutez ?
Je vois **Gauthier**. → Je **le** vois.   Je **vous** entends.
Paul salue **Lise**. → Paul **la** salue. Je regarde **les enfants** jouer. → Je **les** regarde jouer.

● Les pronoms qui remplacent une chose, un animal : **le, la, les**

Elle prend **le train**. → Elle **le** prend.   Elle regarde **les chevaux**. → Elle **les** regarde.
Tu vois **la maison** ? → Tu **la** vois ?

Le pronom COD *en*

On utilise le pronom **en** pour remplacer une chose.

On utilise **en** avec :

● un article indéfini (*un, une, des*) + un nom.
Des pizzas, elle **en** mange souvent.   Il lit **un livre** ? Oui, il **en** lit un de Victor Hugo.

● un article partitif (*du, de l', de la*) + un nom.
Tu veux **du sucre** ? Oui, j'**en** veux.   Il a **de l'argent** ? Oui, il **en** a.

● une expression de quantité (*un, deux…, pas de, beaucoup de, un verre de, un kilo de…*).
Des gâteaux, ils **en** mangent **beaucoup**.   Tu veux **des bonbons** ? Oui, j'**en** veux **trois** !

Mémo

	singulier	pluriel
pour les personnes	me (m'), te (t'), le (l'), la (l')	nous, vous, les
pour les animaux	le, la (l')	les
pour les choses	le, la (l')	les
	en	

Exercices

+3 exercices

1 Remplacez les mots en gras par *le, la* ou *les*.

a. Il regarde **la télévision** tous les soirs. → **Il la regarde tous les soirs.**

b. Élena achète **le journal** à la librairie. → ....

c. Nous prenons **le bus** tous les matins. → ....

d. J'admire **les belles plantes de votre jardin**. → ....

e. Antoine chante toujours **cette chanson**. → ....

f. Elle regarde souvent **la photo de ses enfants**. → ....

2 Écrivez une devinette à partir de la réponse et des mots proposés. Utilisez *le, la* ou *les*.

a. [porter – mieux voir] [réponse : les lunettes] **On les porte pour mieux voir.**

b. [utiliser – boire] [réponse : le verre] ....

c. [offrir – s'excuser] [réponse : les fleurs] ....

d. [ouvrir – chercher un mot] [réponse : le dictionnaire] ....
....

e. [utiliser – ouvrir une porte] [réponse : la clé] ....

3 Complétez avec le pronom COD qui convient.

a. — Mme Léonard, je voudrais **vous** inviter samedi midi. Vous êtes libre ?

— Bien entendu, je .... remercie de votre invitation.

b. — Lise, tu peux .... attendre ? Nous arrivons.

— D'accord, je .... attends.

c. — Laure, tu .... écoutes ?

— Oui, maman, je .... écoute.

d. — Tu peux .... aider ? Ils ne comprennent pas l'exercice.

— Bien sûr, je vais .... aider.

e. — Je vais prendre un café chez Sophie. Tu .... connais ?

— Oui, je .... vois souvent chez le coiffeur.

4 Répondez aux questions en utilisant *en*.

a. Tu as des enfants ? [un] → Oui, **j'en ai un.**

b. Tu as du travail ? [beaucoup] → Oui, ...

c. Est-ce qu'ils ont des chiens ? [deux] → Oui, ...

d. Elles boivent du jus d'orange ? [un verre] → Oui, ...

e. Il faut de la farine pour ce gâteau ? [500 grammes] → Oui, ...

Les pronoms compléments d'objet direct (COD)   **41**

15 Les pronoms compléments d'objet indirect (COI)

Tu m'as téléphoné ? Vous lui donnez un rendez-vous.

Les pronoms personnels COI

On utilise les pronoms personnels COI pour remplacer des personnes.
Ils s'utilisent avec un verbe avec **à** (*parler à, demander à, téléphoner à…*).
Ils se placent devant le verbe et répondent à la question « à qui ? ».
Je téléphone **à Khézia**. Et toi, tu **lui** envoies un mail ? → Tu envoies un mail à qui ? À Khézia.

- Au singulier : **me, te, lui**
Elle **me** téléphone.
Je **te** parle.
Tu racontes une histoire **à ta sœur**. → Tu **lui** racontes une histoire.
Vous donnez un rendez-vous **à ce client**. → Vous **lui** donnez un rendez-vous.

- Au pluriel : **nous, vous, leur**
Il a téléphoné **à Thomas et moi**. → Il **nous** a téléphoné.
Nous avons parlé de Gaspard **à toi et Rose**. → Nous **vous** avons parlé de Gaspard.
Nous avons raconté une histoire **aux enfants**. → Nous **leur** avons raconté une histoire.

Le pronom COI y

On utilise le pronom **y** pour remplacer une chose ou une idée.
Il s'utilise avec un verbe avec **à** (*réfléchir à, répondre à, penser à, jouer à…*).
Il se place devant le verbe et répond à la question « à quoi ? ».
Théa ne répond jamais **aux messages** mais Robin **y** répond toujours. → Robin répond toujours à quoi ? Aux messages.
Tu as réfléchi **à la vente de ta maison** ? → Tu **y** as réfléchi ?
Nous pensons beaucoup **à déménager**. → Nous **y** pensons beaucoup.

Mémo

	singulier	pluriel
pour les personnes	me (m'), te (t'), lui	nous, vous, leur
pour les choses, les idées	y	

Exercices

1 Transformez les phrases en utilisant *lui* ou *leur*.

a. Nous parlons **à nos collègues**.

→ **Nous leur parlons.**

b. Je dis bonjour **au facteur** tous les matins.

→ ....

c. Pour Noël, j'offre le dernier album de Philippe Katerine **à mes parents**.

→ ....

d. Martin ressemble beaucoup **à son père**.

→ ....

e. Je donne des conseils **à mes étudiants** parce qu'ils vont à l'université.

→ ....

f. Jonathan demande **à ses parents** s'il peut aller à la fête.

→ ....

2 Complétez les dialogues avec *me, m', te, t', nous* ou *vous*.

a. — Tu nous parles ?

— Non, je ne **vous** parle pas.

b. — Margaux est en retard, elle vient de .... téléphoner.

— Et elle .... a dit qu'elle avait beaucoup de retard ?

c. — Je .... ai prêté un livre la semaine dernière.

— Oui, et tu .... as dit que je devais le rendre à la bibliothèque.

d. — Tu peux .... envoyer un courriel ? Mon téléphone est en panne.

— Bien sûr ! Je .... envoie un courriel avec l'invitation.

e. — Oh, tu .... as fait peur ! Comment es-tu entré ?

— Comme tu ne .... répondais pas, je suis passé par le jardin.

f. — Les enfants, vous vous souvenez de Frau Rosenberg ? Elle .... enseignait l'allemand.

— Ah oui, c'est vrai, elle .... parlait toujours en allemand mais on ne comprenait rien !

3 Transformez les phrases en utilisant *y*.

a. Tu penses beaucoup au travail ? → **Tu y penses beaucoup ?**

b. Tu t'habitues bien à ta maison ? → ....

c. Elle réfléchit encore à la réponse. → ....

d. Nous répondons à votre courriel. → ....

e. Elles jouent au foot tous les jours. → ....

Les pronoms compléments d'objet indirect (COI)

16 Les verbes et les pronoms

Tu te souviens de lui ? Tu n'y vas pas ?

Les pronoms avec les verbes + de

Avec les verbes *se souvenir de, parler de, (re)venir de, rêver de, avoir besoin de…* :

- **on parle d'une personne : de + nom → de + pronom tonique.**
Tu te souviens **de Maxime** ? → Tu te souviens **de lui** ?
Ils m'ont parlé **de Romy**. → Ils m'ont parlé **d'elle**.

- **on parle d'une chose, d'une idée ou d'un animal : de + nom ou infinitif → en.**
J'ai besoin **de ces livres**. → J'**en** ai besoin.
Tu te souviens **de nos vacances** ? → Tu t'**en** souviens ?
Mes parents rêvent **d'aller vivre en Espagne**. → Mes parents **en** rêvent.
Ce film parle **des animaux sauvages**. → Ce film **en** parle.

- **on parle d'un lieu : de + nom → en.**
Je me souviens **de la Normandie**. → Je m'**en** souviens.
Nous revenons **de chez nos parents**. → Nous **en** revenons.

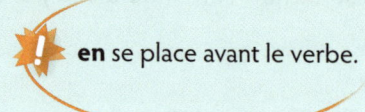
en se place avant le verbe.

Les pronoms avec les verbes + à

Avec les verbes *parler à, donner à, s'opposer à, s'intéresser à, penser à, réfléchir à, répondre à, aller à, rester à…*

- **on parle d'une personne** (*parler à, donner à…*) **: à + nom → pronom COI.**
Je n'ai pas parlé **à Gabriel**. → Je ne **lui** ai pas parlé.
Vous avez donné votre réponse **aux voisins** ? → Vous **leur** avez donné votre réponse ?

- **on parle d'une personne** (verbes pronominaux) **: à + nom → à + pronom tonique.**
Il s'oppose **à ses parents**. → Il s'oppose **à eux**.
Je m'intéresse **à la chanteuse Angèle**. → Je m'intéresse **à elle**.

- **on parle d'une personne** (*penser à*) **: à + nom → à + pronom tonique.**
Je pense **à ma famille**. → Je pense **à elle**.
Il pense **à Marc**. → Il pense **à lui**.

- **on parle d'une chose, d'une idée ou d'un animal : à + nom ou infinitif → y.**
Je réfléchis **à une réponse**. → J'**y** réfléchis.
On pense **à changer de voiture**. → On **y** pense.
Lana s'intéresse **aux oiseaux**. → Lana s'**y** intéresse.

y se place avant le verbe.

- **on parle d'un lieu : à + nom → y.**
Tu ne vas pas **à la mer** ? → Tu n'**y** vas pas ?
Vous restez une semaine **à Angers** ? → Vous **y** restez une semaine ?

Mémo

	une personne	une chose, une idée, un animal	un lieu
verbe + de	de + pronom tonique (*moi, toi, lui, elle, nous, vous, eux, elles*)	en	en
verbe + à	pronom COI / à + pronom tonique	y	y

Exercices

1 Écoutez et complétez les phrases.

a. Je pense **à toi**.
b. Vous .... réfléchissez.
c. Il .... revient.
d. Tu .... parles.
e. On parle ....
f. Aziz s' .... intéresse.
g. Je m'intéresse ....
h. Nous .... retournons.
i. Ils s' .... souviennent.

2 Répondez avec *en* ou *de + pronom tonique*.

a. — Tu rêves de tes prochaines vacances au soleil ?
— Oui, **j'en rêve.**
b. — Mme Brault, vous avez besoin de vitamines ?
— Oui, ...
c. — Jonathan se souvient de ses amies turques ?
— Oui, ...
d. — Les enfants ont envie de se promener ?
— Oui, ...

3 Soulignez la proposition qui convient.

a. — Tu as répondu à ta sœur ?
— Mais oui, bien sûr, je [**lui** / leur / y] ai écrit hier.

b. — Nous avons parlé à vos parents car nous sommes inquiets pour vous !
— Ah bon ? Mais vous [lui / leur / y] avez parlé de quoi ?

c. — Antoine, tu as reçu mon invitation ?
— Oui, je vais [lui / leur / y] répondre ce soir.

d. — Les enfants ont bien dormi ?
— Oui, et nous [lui / leur / y] avons raconté une histoire hier soir.

e. — Tu as reçu ma proposition ?
— Oui, mais je n'ai pas encore eu le temps de [lui / leur / y] penser.

f. — Vous avez parlé aux journalistes ?
— Non, nous n'avions rien à [lui / leur / y] dire.

g. — Tu as donné le cadeau d'anniversaire à Hugo ?
— Non, je vais [lui / leur / y] offrir son cadeau demain.

Les verbes et les pronoms

4 Transformez les phrases en utilisant *lui*, *leur* ou *y*.

a. Tu réponds à la question ?
→ **Tu y réponds ?**

b. Vous parlez souvent à votre directrice ?
→ ....

c. Elles pensent à leur prochaine sortie entre amies.
→ ....

d. Paco réfléchit à la proposition de Célian.
→ ....

e. Ils écrivent très souvent à leurs amis.
→ ....

f. Est-ce que vous donnez de l'argent de poche à votre fille ?
→ ....

g. Pourquoi est-ce que vous ne répondez pas à vos collègues ?
→ ....

5 Associez les questions et les réponses.

a. Tu penses à tes parents ?
b. Tu penses à ton voyage ?
c. Tu t'intéresses à cet acteur ?
d. Tu t'intéresses à l'actualité ?
e. Tu t'habitues à ta nouvelle vie ?
f. Tu t'habitues à ta famille d'accueil ?
g. Tu t'opposes souvent à tes parents ?
h. Tu t'opposes à ce projet ?

1. Oui, je pense à eux tous les jours !
2. Oui, j'y pense beaucoup !
3. Oui, je m'y intéresse vraiment !
4. Oui, je m'intéresse à lui !
5. Oui, je m'y habitue bien !
6. Oui, je m'habitue bien à elle !
7. Oui, je m'y oppose complètement !
8. Oui, je m'oppose à eux régulièrement !

a	b	c	d	e	f	g	h
1							

6 Complétez les devinettes avec *y* ou *en*, puis trouvez la réponse.

[chez le médecin - des fleurs - ~~de la pharmacie~~ - du parfum - à la bibliothèque]

a. On **en** sort avec des médicaments. → **de la pharmacie**

b. On .... trouve beaucoup de livres qu'on peut emprunter. → ....

c. On .... va quand on est malade. → ....

d. On .... achète chez le fleuriste. → ....

e. On .... met pour sentir bon. → ....

7 Transformez avec *en* ou *y*.

a. Tu vas au festival des Vieilles Charrues ?
→ **Tu y vas ?**

b. Nous revenons de la plage.
→ ....

c. Elle retourne au lycée demain.
→ ....

d. Vous restez toute la semaine à Lisbonne ?
→ ....

e. Idriss vient de Turquie.
→ ....

8 Écoutez les phrases et répondez avec *y* ou *en*.

a. [aller] – Oui, **j'y vais.**
b. [monter] – Oui, ...
c. [aller] – Oui, ...
d. [revenir] – Oui, ...
e. [retourner] – Oui, ...
f. [aller] – Oui, ...

9 Faites des phrases avec des pronoms compléments.

a. [Roméo – penser à Juliette] **Roméo pense à elle.**
b. [Roméo et Juliette – rêver de leur mariage] ....
c. [La famille Capulet – revenir de son voyage à Vérone] ....
d. [Juliette – penser à son départ avec Roméo] ....
e. [Le père de Juliette – s'intéresser à l'avenir des jeunes gens] ....
....
f. [Le monde entier – se souvenir de cette histoire tragique] ....

10 Complétez le courriel avec des pronoms compléments.

Salut Marco,

Tu vas bien ? Nous, ici, c'est la belle vie ! On est à La Baule avec les enfants. On **y** va tous les étés depuis trois ans. Je me souviens que toi aussi, tu adorais cette ville, tu .... retournes de temps en temps ?

Les plages sont toujours aussi belles, on s'................ promène tous les jours et on .... profite pour se reposer. Les enfants adorent les glaces, ils .... mangent beaucoup trop ! Ils pêchent, vont à la plage, jouent dans le sable. Ça les change de l'école et ils s'................ habituent très bien !

Et notre petite Célia, ça y est, elle sait nager, nous sommes très fiers d'................ .

Tiens, on a aussi revu Nora, on .... a parlé de .... : elle était très contente d'apprendre que tu allais te marier. Elle .... a dit qu'elle pensait souvent à nos soirées entre amis.

Elle aimerait tous nous inviter pour un repas. Alors, prends quelques jours de congés et viens.

Réponds-................, dès que tu as notre message. En attendant, on pense très fort à .... et on t'embrasse !

Bises, Mona et toute la petite famille.

Les verbes et les pronoms

17 La place du pronom complément

On vous écrira bientôt. Regarde-le.

Le pronom avant le verbe

On écrit le pronom complément (COD, COI, *y* ou *en*) avant le verbe conjugué :

- au **présent de l'indicatif**.
Je ne **te vois** pas.   Vous **en avez** assez ?

- à l'**imparfait**.
Nous n'**en mangions** pas.   Elsa **leur téléphonait** souvent.

- au **futur simple**.
Tu **le remercieras**.   On **vous écrira** bientôt.

- au **passé composé**.
Je **l'ai rencontré** cet été.   Vous ne **lui avez** pas **répondu** ?.

- au **subjonctif présent**.
Je voudrais que tu **me pardonnes**.   On souhaite que vous **y alliez**.

- au **conditionnel présent**.
J'**en voudrais** un peu, s'il vous plaît !   Tu **lui offrirais** ce cadeau ?

- à l'**impératif négatif**.
Ne **me regardez** pas !   Ne **nous écrivez** plus !

On écrit le pronom complément (COD, COI, *y* ou *en*) avant le verbe à l'infinitif :

- au **futur proche**.
Ils **vont le féliciter**.   Je **vais** tout **vous raconter**.

- au **passé récent**.
Je **viens de le retrouver**.   Nous **venons de t'envoyer** un courriel.

Le pronom après le verbe

On écrit le pronom complément (COD, COI, *y* ou *en*) après le verbe conjugué à l'**impératif affirmatif**.

Il y a quelques changements :

- on ajoute **un trait d'union** (-) entre le verbe et le pronom.
Regarde ton frère. → Regarde-**le**.   Dites bonjour à votre mère. → Dites-**lui** bonjour.

- devant *y* et *en*, les verbes terminés par une voyelle s'écrivent avec un **-s**.
Pense à tes études ! → Pense**s-y** !   Parle de ton expérience. → Parle**s-en**.

- me, te → **moi, toi**.
Tu **m'**écoutes ? → Écoute-**moi** !   Tu **te** fais à manger. → Fais-**toi** à manger !

Exercices

 +3 exercices

1 Remplacez les mots en gras par un pronom complément.

a. Tu vois **la jeune femme** ? → **Tu la vois ?**
b. Ils n'achètent pas **le journal**. → ....
c. Je voudrais **un gâteau**. → ....
d. Nous prendrons **le dernier train**. → ....
e. Tu n'étais pas **au cinéma** hier ? → ....
f. Vous avez regardé **le film à la télé** ? → ....
g. Tu manges beaucoup de **bonbons** ? → ....
h. Je prendrai **deux pizzas**. → ....

2 Répondez en remplaçant l'expression en gras par un pronom complément.

a. — Tu vas prendre **une barquette de frites** ? [Oui] — **Oui, je vais en prendre une.**
b. — Tu vas passer **la soirée** avec des amis ? [Non] ....
c. — Tu vas prendre **le bus** ? [Non] ....
d. — Tu viens de voir **un concert** ? [Oui] ....
e. — Tu viens d'arriver **au festival** ? [Non] ....
f. — Tu vas acheter **le CD des artistes** ? [Non] ....

3 Écrivez les phrases à l'impératif affirmatif avec des pronoms compléments.

a. J'attends ton appel. [tu – téléphoner] **Téléphone-moi !**
b. **Ce thé** est excellent. [vous – goûter] ....
c. **Elle** est très en colère. [vous – parler] ....
d. J'attends **ta réponse**. [tu – écrire] ....
e. **Cette maison** est à louer. [nous – visiter] ....
f. **Cet artiste** est super. [tu – écouter] ....
g. **Cette émission** est très intéressante. [vous – regarder] ....

4 Répondez aux questions à l'impératif affirmatif avec *y* ou *en*.

a. — Je peux acheter des fraises au marché ? — Oui, **achètes-en.**
b. — Est-ce que je peux aller aux toilettes ? — Oui, ...
c. — Je peux garder de l'argent pour des bonbons ? — Oui, ...
d. — Je peux rester à la maison ? — Oui, ...
e. — Mamie, j'ai faim, je peux prendre des gâteaux ? — Oui, ...
f. — Papa, je peux manger du fromage ? — Oui, ...
g. — Maman, je peux retourner chez Robin ? — Oui, ...

La place du pronom complément **49**

18 Les prépositions de lieu

J'habite à Madrid. Je viens des États-Unis.

Où on va, où on est

Pour indiquer le lieu où on va (destination) ou le lieu où on est, on utilise les verbes *être*, *habiter*, *aller*, *vivre*, *étudier*, *partir*, *travailler* avec la préposition **à**.

- **à + ville**

Il va **à** New-York.   J'habite **à** Madrid.

- **au + pays masculin**

Le Chili → Je pars **au** Chili.   L'Ouganda → Nous allons **en** Ouganda.

 en + pays masculin commençant par a, e, i, o, u

- **en + pays féminin** (pays qui se terminent par -e sauf *le Mexique, le Cambodge, le Mozambique, le Zimbabwe, le Belize*)

La Russie → Il étudie **en** Russie.   L'Australie → Je pars **en** Australie.

- **aux + pays pluriel**

Les États-Unis → Elle est **aux** États-Unis.
Les Philippines → Je travaille **aux** Philippines.

- **au + nom masculin singulier**

Le cinéma → Nous allons **au** cinéma.   L'aéroport → Ils partent **à l'**aéroport.

- **à la + nom féminin singulier**

La mer → Je vais **à la** mer.   L'université → J'étudie **à l'**université.

- **aux + nom masculin ou féminin pluriel**

Les toilettes → Elle va **aux** toilettes.

D'où on vient

Pour indiquer d'où on vient (la provenance), on utilise les verbes *venir*, *rentrer*, *arriver*, *sortir*, *être originaire* avec la préposition **de**.

- **de + ville**

Je viens **de** Paris.   Il vient **d'**Angers.

- **du + pays masculin**

Le Pérou → Je rentre **du** Pérou.   L'Iran → Il est originaire **d'**Iran.

- **de + pays féminin**

La France → Je rentre **de** France.   L'Irlande → Elles arrivent **d'**Irlande.

- **des + pays pluriel**

Les Pays-Bas → Nous arrivons **des** Pays-Bas.

50 Les prépositions

- **du + nom masculin singulier**
  Le théâtre → Tu sors **du** théâtre ?   L'hôtel → Ils viennent **de l'**hôtel.

- **de la + nom féminin singulier**
  La piscine → Je reviens **de la** piscine.   L'école → Tu rentres **de l'**école ?

- **des + nom masculin ou féminin pluriel**
  Les toilettes → Il revient **des** toilettes.

Exercices

1 Écoutez et notez la phrase qui utilise la préposition de lieu indiquée.

du	de	d'	de l'	de la	des	au	à la	à l'	aux	à	en
		a									

2 Associez (plusieurs possibilités).

a. On voyage au   1. Istanbul.   e. On rentre du   7. Maroc.
b. Nous allons en   2. Brésil.   f. Nous rentrons d'   8. Norvège.
c. Elle va aux   3. Pékin.   g. Elles rentrent des   9. Argentine.
d. Il part à   4. Philippines.   h. Je rentre de   10. Atlanta.
                     5. Italie.   11. États-Unis.
                     6. Finlande.   12. Buenos Aires.

a	b	c	d
2			

e	f	g	h

3 Soulignez la préposition de lieu qui convient.

a. Ils vont [<u>au</u> / du] Botswana.
b. Je suis originaire [en / de] Suisse.
c. Il est allé [en / de] Suède.
d. Elle vient [d' / des] États-Unis.
e. Ils sont [en / d'] Irak.
f. Tu vis [en / d'] Équateur ?
g. J'habite [en / de] Russie.
h. Il a étudié [au / du] Liban.
i. Nino rentre [à / de] Buenos Aires.

4 Écrivez la préposition de lieu qui convient.

a. Vous partez **en** Australie ?
b. Il est allé .... Allemagne.
c. Je suis né en 1978 .... Mali.
d. Ils reviennent .... Japon.
e. Tu rentres .... Éthiopie ?
f. Il revient .... Philippines.
g. Elle étudie .... Indonésie.
h. Vous rentrez .... Danemark.
i. Je vis .... Oslo.

5 Soulignez la préposition de lieu qui convient.

a. Il revient [au / des / aux] États-Unis.
b. Vous êtes originaires [du / de la / en] Cambodge ?
c. J'habite [aux / en / à] Londres.
d. Nous sommes [de la / au / en] Mexique, et vous ?
e. Lola part en vacances [des / du / aux] Pays-Bas.
f. Mon neveu travaille [à / au / en] Ouganda.
g. Ils arrivent [du / d' / de la] Irlande.
h. Je reviens [de / du / d'] Berlin.

6 Complétez avec la préposition de lieu qui convient.

a. Vous arrivez **au** cinéma ou vous sortez .... cinéma ?
b. Elles sont .... maison ou elles sortent .... maison ?
c. Ils sont .... aéroport ou ils partent .... aéroport ?
d. Je vais .... garderie avec mes enfants et je ressors .... garderie sans eux.
e. Je dépose ma fille .... école le matin et je la retrouve .... maison le soir.
f. On sort .... bureau vers 17 h et on va .... bureau vers 9 h le lendemain.
g. Vous arrivez .... bibliothèque ou vous sortez .... bibliothèque ?
h. Ils vont .... mer et, quand ils repartent .... mer, ils sont tout bronzés.

7 Remettez les mots dans l'ordre.

a. [d' / Espagne / et habite / à / Sonia vient / Los Angeles]
Sonia vient d'Espagne et habite à Los Angeles.
b. [Je travaille / en / Rome / à / Italie]
....
c. [Belgique / Il étudie / université / à l' / en]
....
d. [en / Elle est originaire / Belgique / du / Japon / mais elle étudie]
....
e. [Portugal / en / Italie / On vit / mais on vient / du]
....
f. [du / bibliothèque / à la / et il va / Il / sort / restaurant universitaire]
....
g. [Argentine / suis / Chili / en / arrive / du / Je / mais j']
....
h. [Mozambique / J'ai / et / habité / Islande / en / au]
....

8 Répondez aux questions en utilisant les mots proposés et les propositions de lieu qui conviennent.

a. — François, tu reviens d'où ? [boulangerie]
— Je reviens de la boulangerie.

b. — Où sont partis tes voisins en vacances ? [montagne]
— ....

c. — Ahmed, d'où es-tu originaire ? [Casablanca - Maroc]
— ....

d. — De quel pays tes collègues arrivent-ils ? [Cambodge]
— ....

e. — On cherche partout Jordan. Où est-il ? [toilettes]
— ....

9 Écoutez et répondez aux questions avec les mots proposés et les prépositions de lieu qui conviennent. 🔊 55

a. [Lyon] — Elle habite à Lyon.
b. [supermarché] ....
c. [Irlande] ....
d. [New York] ....
e. [Mexique] ....
f. [Sénégal] ....
g. [librairie] ....
h. [tribunal] ....

10 Écrivez des phrases avec les éléments proposés.

a. [Saori - habiter - Japon - étudier - Tokyo]
Saori habite au Japon et elle étudie à Tokyo.

b. [Yunfei - être - maison - et avec ses enfants - elle - aller - la piscine]
....

c. [Marion - sortir - le cinéma - aller - le restaurant]
....

d. [Antonio - être né - Mexico - étudier - Monterrey]
....

e. [Zeina - être originaire - Syrie - travailler - Lyon]
....

f. [Je - descendre - le train - rentrer - la maison]
....

Les prépositions de lieu   53

19 Les verbes et les prépositions

J'ai écrit à Alka. Elle a promis de venir.

Les verbes avec un complément

● **verbe + COD** (*quelqu'un* ou *quelque chose* : sans préposition) :
verbes : *acheter, adorer, aimer, chercher, connaître, écouter, voir…*
Tu **connais** le Sénégal ?   On **voit** les enfants demain.
Je **cherche** madame Gibouin.   Ils **écoutent** la radio.

● **verbe + COI** (avec une préposition) :
- verbes + *à* (*à quelqu'un* ou *à quelque chose*) : *écrire, parler, participer, penser, répondre, ressembler, téléphoner, tenir…*
J'**ai écrit** à Alka.   Il **participe** aux réunions.
Tu **réponds** à la question.   Nous **pensons** aux repas.

- verbes + *de* (*de quelqu'un* ou *de quelque chose*) : *avoir besoin, discuter, jouer, manquer, parler, se souvenir, s'occuper…*
On **va parler** du voyage.   Tu **te souviens** des clients ?
Je **m'occupe** de ce problème.   J'**ai besoin** de ce livre.

● **verbe + COD + COI** (*quelque chose à quelqu'un*) :
verbes : *acheter, demander, envoyer, offrir, prendre, donner…*
Tu **donneras** toutes les informations **à Raphaël**.
On **envoie** le contrat **au service juridique**.

Les verbes avec un verbe à l'infinitif

● **verbe + infinitif** (construction directe) :
verbes : *aller, descendre, venir, entendre, voir, aimer, détester, préférer, devoir, espérer, faire, laisser, penser, pouvoir, vouloir, savoir, souhaiter…*
Tu **pourrais garder** mon chat ?   Il **déteste se lever** tôt.

● **verbe + préposition + infinitif** (construction indirecte) :
- verbes + *à* + infinitif : *arriver, apprendre, aider, s'amuser, chercher, commencer, continuer, hésiter, inviter, réussir, tenir…*
Tu **commences** à m'énerver.   Elle **hésite** à quitter Lyon.

- verbes + *de* + infinitif : *accepter, avoir besoin, avoir peur, choisir, continuer, conseiller, décider, se dépêcher, essayer, s'excuser, oublier, promettre, proposer, refuser, regretter, rêver…*
Elle **rêve** de pouvoir partir au Mexique.
On **refuse** de travailler dans ces conditions.

Exercices

 +3 exercices

1 Écoutez et cochez le complément utilisé dans chaque phrase.

	a	b	c	d	e	f	g	h	i	j	k	l
direct	☐	☐	☐	☐	☐	☐	☐	☐	☐	☐	☐	☐
indirect avec *à*	☐	☐	☐	☐	☐	☐	☐	☐	☐	☐	☐	☐
indirect avec *de*	☑	☐	☐	☐	☐	☐	☐	☐	☐	☐	☐	☐

2 Associez.

a. Heureusement, j'ai pris   1. des goûts et des couleurs.
b. On ne discute pas   2. un parapluie.
c. Maintenant, je m'intéresse   3. un cadeau de Vincent.
d. Il a refusé   4. à fermer la fenêtre.
e. J'ai accepté   5. une augmentation à Mme Lee.
f. Je n'arrive pas   6. à l'histoire du Bénin.

3 Complétez les phrases avec les prépositions *à*, *de* ou ø (ø = pas de préposition).

a. Il s'est inscrit **à** un cours de philosophie.
b. Je vais demander .... ma femme.
c. Tu peux sortir .... la poubelle ?
d. Elle a peur .... araignées.
e. Nous avons rendu visite .... Aurélia.
f. Elles parlaient .... un dossier important.

4 Écoutez et répondez aux questions en utilisant les éléments proposés  et les prépositions *à* ou *de* (ou aucune).

a. [comprendre les autres cultures] — J'ai appris à comprendre les autres cultures.
b. [ne pas parler japonais et coréen] ....
c. [passer deux semaines au Bhoutan] ....
....
d. [faire des voyages organisés] ....
e. [avoir des amis dans beaucoup de pays] ....
....
f. [manquer de temps pour tout visiter] ....
g. [aller en Antarctique] ....
h. [vous raconter mon prochain voyage] ....
....

Les verbes et les prépositions

20 Le sens et la place des adverbes

Je suis très heureuse. Vous travaillez loin ?

Le sens de quelques adverbes

Un adverbe est un mot invariable (il ne change jamais de forme).
Il modifie le sens :

- d'un **verbe**.

Il **se lève tôt**. Les enfants **dorment beaucoup**.

- d'un **adjectif**.

Je suis **très heureuse**. Louis est **assez grand**.

- d'un autre **adverbe**.

Ça va **très bien**, merci ! Mon mari travaille **beaucoup trop**.

Les adverbes peuvent exprimer :

- la manière : *vraiment, bien, mal, vite...*

Il court **vite**. Vos amis sont **vraiment** accueillants.

- le temps : *hier, aujourd'hui, demain, tôt, tard...*

On se repose **aujourd'hui**. Je suis allée au cinéma **hier**.

- la fréquence : *toujours, souvent, jamais...*

Nos voisins sont **toujours** de bonne humeur.
Maud ne va **jamais** à la salle de sport.

- le lieu : *près, loin, ici, là...*

Vous travaillez **loin** ? Il n'y a pas de champignons **ici**.

- l'intensité, la quantité : *très, beaucoup, trop, peu, un peu, assez...*

Vous mangez **assez** ? Julie est **très** drôle.

La différence entre très, beaucoup et trop

- Très

- *Très* modifie un adjectif ou un adverbe.

Ma fille se sent **très fatiguée**. Nous regardons **très souvent** des photos de famille.

- On utilise **très** avec *faire attention, avoir faim, avoir mal, avoir peur*.

Fais **très** attention sur la route ! Il **a très mal** à la tête.
J'**ai très faim** ! Nous **avons eu très peur** hier.

- On n'utilise jamais **très** avec *excellent, magnifique, horrible, délicieux, superbe, affreux*.

Ces sushis sont Ø **délicieux**. Les paysages du Vercors sont Ø **magnifiques**.

- Beaucoup

Beaucoup modifie un verbe ou un adverbe.
Nous **étudions beaucoup** pour nos examens.
Yann mange **beaucoup** trop pour son âge.

- Trop

- *Trop* peut entraîner une conséquence négative.
Elias marche **trop**, il a mal aux pieds.   Je travaille **trop** donc je suis fatigué.

- On peut utiliser *trop* à la place de *très* ou *beaucoup* en français familier.
Ta robe est **très** belle ! → Ta robe est **trop** belle !
J'aime **beaucoup** ton nouveau tee-shirt ! → J'aime **trop** ton nouveau tee-shirt !

La place des adverbes

Les adverbes se placent :

- devant un adjectif ou un autre adverbe.
Tu manges une **très bonne** glace.   Elle est **vraiment** très gentille.

- après un verbe.
Je **me suis levé tôt hier**.   Je ne **dîne jamais** avant 20 h.

 Les adverbes de temps et de lieu sont toujours après le verbe conjugué : Il va partir **loin**.

Les adverbes d'intensité, de quantité, de fréquence et de manière se placent :

- avant le participe passé du verbe au passé composé.
Mes amis sont **souvent venus** chez nous.
Tu n'as pas **assez écrit** à ta grand-mère.

- avant l'infinitif du verbe au futur proche.
Adel va **beaucoup courir**.   Tu vas **vraiment partir** ?

- avant l'infinitif du verbe au passé récent.
Elle vient de **bien se reposer**.   Nous venons de **trop manger**.

Exercices

1 Écoutez et écrivez l'adverbe  utilisé dans chaque phrase.

a. très

b. ....

c. ....

d. ....

e. ....

f. ....

2 Remettez les lettres dans l'ordre pour trouver les adverbes.

a. [C / B / A / U / E / U / P / O] beaucoup

b. [S / A / S / Z / E] ....

c. [P / R / T / O] ....

d. [S / T / R / O / J / U / O / U] ....

e. [A / T / D / R] ....

f. [R / È / S / T] ....

Le sens et la place des adverbes

3 Récrivez les phrases avec l'adverbe à la place qui convient.

a. Vous travaillez le soir. [trop]
→ **Vous travaillez trop le soir.**

b. Je vais à la bibliothèque. [souvent]
→ ....

c. Nos anciens voisins étaient sympas. [vraiment]
→ ....

d. Mon mari ne parle pas. [beaucoup]
→ ....

e. Faites attention, vous conduisez vite. [trop]
→ ....

f. Les étudiants ne se couchent pas tôt. [assez]
→ ....

g. Nous n'habitons pas loin du centre. [très]
→ ....

h. Cet enfant parle trop fort. [beaucoup]
→ ....

4 Complétez les slogans avec l'adverbe qui convient.

[~~trop~~ - assez - tard - bien - mal - vraiment]

a. Votre dictionnaire est **trop** lourd ? Achetez *Dictout*, le dictionnaire qui va partout !
b. Votre femme n'aime .... pas votre cuisine ? Achetez *Maricuisine* !
c. Vous ne dormez pas .... ? Prenez *Cécomdulé* et vous dormirez comme un bébé !
d. Vous vous sentez .... ? Prenez *Touvamieux* et vous serez heureux !
e. Vous vous couchez .... ? Buvez *Géassédormi* pour retrouver de l'énergie !
f. Vous n'entendez pas .... ? Utilisez *Sonoreille* et vous entendrez à merveille !

5 Complétez avec *très*, *trop* ou *beaucoup* (plusieurs possibilités).

a. Je ne me sens pas bien du tout, j'ai **trop** mangé !
b. En général, on étudie .... avant les examens.
c. Ils ne parlent pas .... bien le français.
d. Ce dessert est .... bon, je le referai.
e. Tu habites .... loin d'ici ?
f. Cette femme parle .... , elle est fatigante !
g. Maya voyage .... grâce à son travail.
h. Othello est .... doué en tennis.

58 Les adverbes

6 Transformez les phrases aux temps indiqués.

a. Nous aimons bien ce livre. [passé composé]
→ **Nous avons bien aimé ce livre.**

b. Je ne comprends pas bien ta question. [passé composé]
→ ....

c. Vous dormez beaucoup pendant les vacances ? [futur proche]
→ ....

d. Niels sort peu avec ses amis. [passé composé]
→ ....

e. Nous comprenons bien le règlement. [passé récent]
→ ....

f. Vous expliquez mal les directions. [passé composé]
→ ....

g. Elles vont souvent à la plage. [futur proche]
→ ....

h. On danse beaucoup à la fête. [passé récent]
→ ....

i. Je mange assez à la cantine. [passé composé]
→ ....

7 Répondez aux questions.

a. — Elle parle français ? [oui - elle a étudié le français en Slovaquie - beaucoup]
— **Oui, elle a beaucoup étudié le français en Slovaquie.**

b. — Elle est en France depuis longtemps ? [non - elle est arrivée - hier]
— ....

c. — Elle se sent comment ? [elle est fatiguée - assez]
— ....

d. — Quand peut-elle passer le test d'entrée ? [elle le fera - demain]
— ....

e. — Est-ce qu'elle parle d'autres langues ? [elle parle anglais - très bien]
— ....

f. — Son logement lui convient ? [oui - elle n'habite pas - très loin]
— ....

g. — Votre amie sait comment venir à l'école ? [oui - elle connaît la ville – un peu]
— ....

h. — Elle va arriver à quelle heure ? [elle va arriver à l'école – tôt]
— ....

Le sens et la place des adverbes

21 Les comparatifs

Ce film est moins bien que le premier.

Les comparatifs *moins, aussi* et *plus*

On utilise les comparatifs (*moins, aussi* et *plus*) pour comparer des qualités (adjectifs ou adverbes). Le complément du comparatif est introduit par *que*.

- qualité inférieure : **moins**
- adjectif : L'hôtel Kai est **moins cher**. / L'hôtel Kai est **moins cher que** l'hôtel York.
- adverbe : Je voyage **moins souvent**. / Je voyage **moins souvent que** mon directeur.

- qualité égale : **aussi**
- adjectif : Cette plage est **aussi belle**. / Cette plage est **aussi belle que** celle du Veillon.
- adverbe : En ville, les vélos vont **aussi vite**. / En ville, les vélos vont **aussi vite que** les voitures.

- qualité supérieure : **plus**
- adjectif : La ville de Tokyo est **plus grande**. / La ville de Tokyo est **plus grande que** Paris.
- adverbe : Le tramway va **plus vite**. / Le tramway va **plus vite que** les bus.

L'adjectif *bon*

- qualité inférieure : **moins bon**
Tes tartes sont **moins bonnes**.   Tes tartes sont **moins bonnes que** celles de Marion.

- qualité égale : **aussi bon**
Son dernier livre est **aussi bon**.   Son dernier livre est **aussi bon que** ceux d'avant.

- qualité supérieure : **bon → meilleur**
Cette école est **meilleure**.   Cette école est **meilleure que** l'école Paul Gauguin.

L'adverbe *bien*

- qualité inférieure : **moins bien**
Ce film est **moins bien**.   Ce film est **moins bien que** le premier.

- qualité égale : **aussi bien**
Cette voiture est **aussi bien**.   Cette voiture est **aussi bien que** ta voiture.

- qualité supérieure : **bien → mieux**
Sarah parle **mieux** français.   Sarah parle **mieux** français **que** moi.

Mémo

	qualité inférieure (-)	qualité égale (=)	qualité supérieure (+)
adjectif ou adverbe	moins (… que…)	aussi (… que…)	plus (… que…)
bon (adjectif)	moins bon (… que…)	aussi bon (… que…)	meilleur (… que…)
bien (adverbe)	moins bien (… que…)	aussi bien (… que…)	mieux (… que…)

Exercices

 +3 exercices

1 Faites des comparaisons avec les éléments proposés.

a. [+] [ma femme est - jeune - moi]
Ma femme est plus jeune que moi.

b. [-] [Mathieu vient - souvent - Sarah]
....

c. [+] [le mois d'août est - tranquille - juillet]
....

d. [=] [Lucas est - gentil - Lina]
....

e. [-] [Enzo a répondu - rapidement - Jules]
....

f. [+] [je ne suis pas - stupide - elle]
....

2 Complétez les phrases avec *mieux, meilleur, meilleure, meilleurs* ou *meilleures*.

a. Agathe se sent **mieux** aujourd'hui.
b. Je cherche un emploi avec de .... conditions de travail.
c. Vous connaissez .... la ville que moi.
d. Mon .... ami habite à Brest.
e. Je comprends .... maintenant quel est le problème.
f. Savez-vous quelle serait la .... solution ?
g. Nos résultats sont .... qu'en 2019.
h. Quelqu'un aurait-il une .... idée ?
i. Ta nouvelle imprimante fonctionne .... ?

Les comparatifs

3 Transformez les phrases avec les éléments proposés.

a. Mon frère est un footballeur [– bon] [que Lionel Messi].
→ **Mon frère est un moins bon footballeur que Lionel Messi.**

b. Lilou porte une robe [+ jolie] [que Maëlys].
→ ....

c. Les pommes sont des fruits [– exotiques] [que les mangues].
→ ....

d. Papi a une santé [+ bonne] [que mamie].
→ ....

e. Je trouve la vie à Paris [– agréable] [qu'en province].
→ ....

f. Marina Foïs est une actrice [– connue] [que Marilyn Monroe].
→ ....

g. Le Costa Rica est un pays [+ touristique] [que le Nicaragua].
→ ....

h. *Le Monde* est un journal [+ complet] [que le *Courrier picard*].
→ ....

i. Un vélo électrique est [+ lourd] [qu'un vélo classique].
→ ....

4 Faites des comparaisons avec les éléments proposés (attention à accorder les adjectifs).

a. [un vélo - est - polluant - une moto]
Un vélo est moins polluant qu'une moto.

b. [une tortue - vit - longtemps - un moustique]
....

c. [la tour de Pise - est - haut - la tour Eiffel]
....

d. [les avions - volent - vite - les oiseaux]
....

e. [la boxe - est - un sport - violent - le ping-pong]
....

f. [les voyages en train - sont - fatigant - les voyages en voiture]
....

g. [les fruits du marché - sont - bon - les fruits du supermarché]
....

h. [maintenant - on vit - bien - au XVIIe siècle]
....

5 Comparez les deux hôtels. Utilisez les adjectifs ou adverbes proposés.

Hôtel de France	Hôtel du Mail
Qualité de l'accueil : ⭐ ☆	Qualité de l'accueil : ⭐ ⭐ ☆
Confort : ⭐ ⭐ ☆	Confort : ⭐ ☆
Prix : 250 à 295 €	Prix : 165 à 230 €
Petit-déjeuner : ⭐ ☆	Petit-déjeuner : ⭐ ⭐ ☆
Nombre de chambres : 35	Nombre de chambres : 35

a. [agréable]
L'accueil est plus agréable à l'hôtel du Mail.

b. [confortable]
....

c. [cher]
....

d. [bon]
....

e. [grand]
....

6 Écoutez et répondez aux questions en utilisant les éléments proposés. 🔊 67

a. [aller / vite]
— **Un train va plus vite qu'un vélo.**

b. [être / grand]
— ....

c. [être / large]
— ....

d. [être / chaud]
— ....

e. [coûter / cher]
— ....

f. [arriver / rapidement]
— ....

g. [être / calme]
— ....

h. [voyager / loin]
— ....

Les comparatifs

22 La négation

Il n'y a pas de problème. Je n'ai vu personne.

La phrase négative

On utilise *ne… pas, ne… plus, ne… rien, ne… personne* et *ne… jamais* pour faire une phrase négative.

- négation simple : **ne… pas**
Je comprends. ≠ Je **ne** comprends **pas**.
Je veux un chat. ≠ Je **ne** veux **pas** de chat.

- négation avec un changement de situation (avant et après un événement) : **ne… plus**
J'habite à Paris. ≠ Je **n'**habite **plus** à Paris.
Je vois le bateau. ≠ Je **ne** vois **plus** le bateau.

- négation de *quelque chose* : **ne… rien**
Tu entends **quelque chose** ? ≠ Tu **n'**entends **rien** ?
Je vois **quelque chose**. ≠ Je **ne** vois **rien**.

- négation de *quelqu'un* : **ne… personne**
J'ai vu **quelqu'un**. ≠ Je **n'**ai vu **personne**.
Il y a **quelqu'un** dans la salle de bains. ≠ Il **n'**y a **personne** dans la salle de bains.

- négation de *toujours* : **ne… jamais**
Il est **toujours** là le lundi. ≠ Il **n'**est **jamais** là le lundi.
Je mange **toujours** à midi. ≠ Je **ne** mange **jamais** à midi.

 Certains articles changent à la forme négative : **un, une, des, du, de la, de l'** → **de** :

Il y a **un** problème. → Il n'y a **pas de** problème.
J'ai **de l'**argent. → Je n'ai **plus d'**argent.
Elle mange **du** chocolat. → Elle ne mange **jamais de** chocolat.

La place de la négation

- *ne* se place :
- avant le verbe ou l'auxiliaire (*avoir* ou *être*).
Tu **n'aimes** plus ça ?   Vous **n'êtes** pas **allés** à Bourges ?
- avant le pronom personnel complément (COD ou COI).
Ils **ne m'**invitent jamais.   Il **ne te** parle pas.

 Souvent, on ne dit pas le *ne* à l'oral : Je travaille pas le dimanche.

- *pas, plus, rien* et *jamais* se placent :
- après l'auxiliaire (*avoir* ou *être*) au passé composé.
Elles n'**ont pas payé**.   Je ne **suis jamais allé** au Canada.

- après le verbe *aller* au futur proche et après le verbe *venir* au passé récent.
Elle ne **va plus venir** chez moi.   Tu ne **viens pas de parler** à Julie ?

- après le verbe conjugué aux autres temps (présent, imparfait, futur) et modes (impératif, conditionnel, subjonctif).
Il ne **comprend rien**.   Ne **viens pas** avant 10 h !

● *personne* se place :

- après le participe passé du verbe au passé composé.
Tu n'as **vu personne**.   Nous n'avons **rencontré personne**.

- après l'infinitif au futur proche.
Le directeur ne va **prendre personne**.

- après l'infinitif avec *vouloir* + infinitif et *pouvoir* + infinitif.
Je ne veux **parler** à **personne**.   Elle est malade, elle ne peut **voir personne**.

- après le verbe aux autres temps (présent, imparfait, futur) et modes (impératif, conditionnel, subjonctif).
On n'**entendait personne** dans la salle.   Il voudrait qu'elle ne **voie personne**.

Exercices

 +3 exercices

1 Soulignez la bonne négation.

a. Il n'est [<u>pas</u>] allé [pas] au travail ce matin.
b. Tu n'as [pas] fait cuire [pas] les pommes de terre ?
c. Vous n'allez [personne] inviter [personne] pour votre anniversaire ?
d. Vous ne pouvez [pas] revenir [pas] demain ?
e. Ils ne voudront [jamais] vendre [jamais] leur maison.
f. Tu n'as [rien] pris [rien] pour ton mal de tête ?
g. Il ne peut [personne] aider [personne].
h. Elle ne veut [pas] aller [pas] au cinéma.

2 Remettez les mots dans l'ordre.

a. [Chloé / ne / pas / viendra / mardi] **Chloé ne viendra pas mardi.**
b. [Ils / n' / pas / ont / bien dormi] ....
c. [Tu / ne / pas / t'es / blessée / ?] ....
d. [Vous / n' / rien / avez / acheté / ?] ....
e. [Il / n' / rien / y avait / sous le lit] ....
f. [On / ne / jamais / mange / de viande] ....
g. [Il / ne / personne / manque] ....
h. [Tu / ne / rien / vas / voir / ici] ....
i. [Ils / ne / jamais / se sont / mariés] ....

3 Transformez les phrases au passé composé.

a. Je ne trouve pas mes clés. ➡ **Je n'ai pas trouvé mes clés.**
b. On ne fait rien pendant les vacances. ➡ ....
c. Il ne travaille jamais le dimanche. ➡ ....
d. Elle ne parle à personne. ➡ ....
e. Ils ne viennent plus nous voir. ➡ ....
f. Vous n'avez pas de chance ! ➡ ....
g. Elle ne prépare rien pour le dîner. ➡ ....

4 Transformez les phrases à la forme négative.

a. Attendez Valéria ! [pas] ➡ **N'attendez pas Valéria !**
b. Va dans ce restaurant ! [jamais] ➡ ....
c. Donne de l'argent à Guillaume ! [plus] ➡ ....
d. Prenez des photos ! [pas] ➡ ....
e. Dis quelque chose ! [rien] ➡ ....
f. Parle à quelqu'un de ce problème ! [personne] ➡ ....
....
g. Buvez du jus d'orange ! [plus] ➡ ....
h. Éteignez cet ordinateur ! [jamais] ➡ ....

5 Écrivez les phrases à la forme négative avec les éléments proposés.

a. On [pas - mange] de pizza aujourd'hui ?
On ne mange pas de pizza aujourd'hui ?
b. [plus - il y a] de lait dans le frigo.
....
c. Pourquoi tu [jamais - prépares] de plats mexicains ?
....
d. Tu [rien - veux] boire ?
....
e. Vous [pas - avez aimé] mes lasagnes ?
....
f. Tu [pas - auras] de dessert !
....
g. Papi [personne - voulait] voir.
....
h. Vous [jamais - avez eu] mal au dos ?
....

6 Répondez avec les éléments proposés et *ne... pas*.

a. — Tu veux du café ? [je bois]
— **Je ne bois pas de café.**

b. — Ils ont aimé le musée Picasso ? [ils ont visité]
— ....

c. — Tu pourras remercier le directeur de l'école ? [je vais rencontrer]
— ....

d. — Tu veux boire du jus d'orange ? [on a acheté]
— ....

e. — Tu as son adresse ? [elle m'a donné]
— ....

f. — Vous avez compris la question ? [on a entendu]
— ....

7 Écoutez et répondez aux questions avec la négation proposée.

a. [jamais] — **Non, elle ne vient jamais.**
b. [plus] ....
c. [rien] ....
d. [personne] ....
e. [pas] ....
f. [plus] ....
g. [jamais] ....
h. [pas] ....

8 Récrivez le texte en mettant les verbes à la forme négative.

Elle a toujours eu de la chance. Petite, elle avait de bonnes relations avec ses parents qui l'aimaient. À l'école, elle était toujours la première de la classe. Comme elle a fait de bonnes études universitaires, elle a toujours pu trouver de bons emplois. Elle gagne beaucoup d'argent et part souvent en vacances. Elle a des amis et elle est toujours invitée à des fêtes. Elle a tout et est très heureuse.

Elle n'a jamais eu de chance.

23 Est-ce que, quoi, qui

Est-ce que vous avez des enfants ? Tu aimes le chocolat ?

La réponse à la question est oui, non ou si

À la forme affirmative, on répond *oui* ou *non* à la question avec :

- est-ce que + sujet + verbe + ? (à l'oral surtout)

Est-ce qu'il apprend sa leçon **?**   **Est-ce que vous avez** des enfants **?**

- sujet + verbe + ? (en français familier)

Il apprend sa leçon **?**   **Vous avez** des enfants **?**

- verbe + sujet + ? (à l'écrit surtout)

Apprend-il sa leçon **?**   **Êtes-vous allés** au cinéma récemment **?**
Avez-vous des enfants **?**   **Regarde-t-elle** la télé **?**

 Si le verbe se termine par une voyelle, on ajoute -t entre le verbe et le sujet.

 Puis-je et non *Peux-je* : Puis-je vous parler ?

<u>Prononciation</u> pour verbe + sujet, si le verbe se termine par un -d, le -d se prononce « t » avec il, elle et on : Prend-il le train ?

À la forme négative, on répond *si* ou *non* à la question.
Tu **n'**aimes **pas** le chocolat ? **Si**, j'aime le chocolat. **/ Non**, je n'aime pas le chocolat.
Vous **n'**avez **pas** faim ? **Si**, nous avons faim. **/ Non**, nous n'avons pas faim.

La réponse à la question est une chose

- Qu'est-ce que + sujet + verbe + ?

Qu'est-ce que vous désirez ? J'aimerais un café, s'il vous plaît.
Qu'est-ce qu'il aime faire comme sport **?** Il aime faire du tennis.

- sujet + verbe + quoi ?

Tu veux quoi ? Je veux un stylo, s'il te plaît.
Elle regarde quoi à la télé **?** Elle regarde un film.

- Qu'est-ce qui + verbe + ?

Qu'est-ce qui se passe ? Il y a un accident.
Qu'est-ce qui vous **arrive ?** J'ai mal à la tête.

La réponse à la question est une personne

- Qui est-ce que + sujet + verbe + ?

Qui est-ce que vous appelez ? Le vendeur.
Qui est-ce que tu as invité ? J'ai invité ma tante.

- Qui est-ce qui + verbe + ?

Qui est-ce qui vient avec nous **?** Laura et moi.
Qui est-ce qui frappe à la porte **?** C'est le facteur !

- Qui + verbe + sujet ?

Qui appelez-vous ? Le vendeur.   **Qui as-tu invité ?** Ma tante.

- Qui + verbe + ?

Qui vient avec nous **?** Laura et moi.   **Qui frappe** à la porte **?** C'est le facteur !

- sujet + verbe + qui ?

Tu regardes qui ? Le professeur.   **Tu appelles qui ?** Le vendeur.

Exercices

1 Associez la question et la réponse (plusieurs possibilités).

a. Est-ce qu'elle aime la danse ?
b. Peux-tu m'aider ?
c. Tu n'aimes pas le théâtre ?
d. Lola vient avec nous ?

1. Oui, avec plaisir.
2. Si, beaucoup !
3. Non, désolé, je suis occupé.
4. Non, elle ne peut pas.
5. Oui, beaucoup.
6. Non, pas vraiment.

a	b	c	d
5			

2 Transformez les questions en utilisant l'intonation montante, puis l'inversion sujet-verbe.

a. Est-ce que vous voulez un café ?

→ **Vous voulez un café ?**   → **Voulez-vous un café ?**

b. Est-ce que je peux vous aider ?

→ ....   → ....

c. Est-ce qu'il va au cinéma ?

→ ....   → ....

d. Est-ce que je pourrais vous parler ?

→ ....   → ....

e. Est-ce que vous avez des problèmes ?

→ ....   → ....

f. Est-ce qu'elle aime son travail ?

→ ....   → ....

Est-ce que, quoi, qui

3 Écrivez les questions avec l'inversion sujet-verbe, les mots et les temps proposés.

a. [vous – déjeuner] [passé composé]
→ **Avez-vous déjeuné ?**

b. [tu - regarder le match de tennis] [futur proche]
→ ....

c. [ils - apprendre cette chanson] [passé récent]
→ ....

d. [vous - bien dormir] [passé composé]
→ ....

e. [elle - aller au marché] [futur proche]
→ ....

f. [vous - demander l'autorisation de sortir] [passé composé]
→ ....

g. [nous - prendre un parapluie] [passé composé]
→ ....

h. [vous - acheter ce livre] [passé récent]
→ ....

i. [tu - répondre à ce courriel] [futur proche]
→ ....

4 Écrivez les questions avec *est-ce que* ou *qu'est-ce que*.

a. – [tu - aimer le chocolat] **Est-ce que tu aimes le chocolat ?**
– Oui, j'adore le chocolat !

b. – [Pedro - être en France] ....
– Non, il est retourné au Mexique.

c. – [vous - faire] ....
– Nous allons au théâtre.

d. – [les enfants - regarder à la télé] ....
– Un film d'horreur.

e. – [tu - voyager pendant tes vacances] ....
– Oui, je vais voyager en Allemagne.

f. – [vous - partir à l'étranger] ....
– Oui, nous sommes partis au Sénégal.

g. – [vous - faire le mardi soir] ....
– Nous prenons des cours de piano.

h. – [elles - faire du sport] ....
– Non, mais elles chantent dans une chorale.

5 Associez.

a. Qui est-ce que tu regardes ? → Un couple qui se dispute.
   Qu'est-ce que tu regardes ? → La photo d'un couple.

b. Qu'est-ce que vous avez préféré dans ce film ? • • L'acteur Omar Sy.
   Qui est-ce que vous avez préféré dans ce film ? • • Le jeu des acteurs.

c. Qu'est-ce qui vous attire ? • • Le calme de la campagne.
   Qui est-ce qui vous attire ? • • Un homme calme.

d. Qu'est-ce qui passe ce soir ? • • Sarah, et elle dîne avec nous.
   Qui est-ce qui passe ce soir ? • • Le film Le Dîner de cons.

6 Écrivez les questions avec les mots proposés et *est-ce que, qu'est-ce que, qu'est-ce qui, qui est-ce que* ou *qui est-ce qui*.

a. – [dire] **Qu'est-ce qu'il dit ?**
– Il dit qu'il ne vous a pas compris.

b. – [parler grec] ....
– Non, elle ne parle pas grec.

c. – [vouloir apprendre à conduire] ....
– C'est Léo qui veut apprendre à conduire.

d. – [faire tous les jours] ....
– Je fais un footing et du piano tous les jours.

e. – [écouter] ....
– On écoute Johanna, elle répond à la question.

f. – [ne pas aller] ....
– J'ai mal au ventre, je crois que je suis malade.

g. – [étudier] ....
– Nous étudions la communication d'entreprise à l'université.

7 Complétez le dialogue avec une expression interrogative.

— Salut Paul, **qu'est-ce que** tu deviens ? .... tu es toujours banquier ?
— Oui, toujours ! Et toi, ... tu continues de travailler à Paris ?
— Non, j'ai déménagé à Nantes. Mais je suis toujours traducteur.
— Et parmi Guillaume, Ludovic et Cédric, ... travaille encore à Paris ?
— Seulement Cédric. Et il va être papa dans 4 mois.
— Et la maman, ... c'est Lara ?
— Oui. Tu te souviens d'elle ?
— Bien sûr. .... tu as leur adresse électronique ? J'aimerais les féliciter !

24 Qui, que, quoi, où, quand, comment…

Elle regarde qui ? Où vas-tu ?

Question sur une personne

Pour poser une question sur une personne, on utilise **qui**.

- **Qui** est-ce que + sujet + verbe + ? (à l'oral)

Qui est-ce que vous invitez ?   Qui est-ce qu'elle regarde ?

- **Qui** + verbe + sujet + ? (à l'écrit)

Qui invitez-vous ?   Qui regarde-t-elle ?

- Sujet + verbe + **qui** + ? (en français familier)

Vous invitez qui ?   Elle regarde qui ?

Question sur une chose

Pour poser une question sur une chose, on utilise **que** ou **quoi**.

- **Qu'**est-ce que + sujet + verbe + ? (à l'oral)

Qu'est-ce que tu veux ?   Qu'est-ce que tu préfères : le thé ou le café ?

- **Que** + verbe + sujet + ? (à l'écrit)

Que veux-tu ?   Que préfères-tu : le thé ou le café ?

- Sujet + verbe + **quoi** + ? (en français familier)

Tu veux quoi ?   Tu préfères quoi : le thé ou le café ?

Question sur un lieu

Pour poser une question sur un lieu, on utilise **où**.

- **Où** est-ce que + sujet + verbe + ? (à l'oral)

Où est-ce que vous habitez ?   Où est-ce que tu vas ?

- **Où** + verbe + sujet + ? (à l'écrit)

Où habitez-vous ?   Où vas-tu ?

- Sujet + verbe + **où** + ? (en français familier)

Vous habitez où ?   Tu vas où ?

Question sur le temps

Pour poser une question sur le temps, on utilise **quand**.

- **Quand** est-ce que + sujet + verbe + ? (à l'oral)

Quand est-ce qu'elle dort ?   Quand est-ce que tu viens ?

- **Quand** + verbe + sujet + ? (à l'écrit)
Quand dort-elle ?   Quand viens-tu ?

- Sujet + verbe + **quand** + ? (en français familier)
Elle dort quand ?   Tu viens quand ?

Question sur la manière

Pour poser une question sur la manière, on utilise **comment**.

- **Comment** est-ce que + sujet + verbe + ? (à l'oral)
Comment est-ce que tu vas ?   Comment est-ce qu'il fait ?

- **Comment** + verbe + sujet + ? (à l'écrit)
Comment vas-tu ?   Comment fait-il ?

- Sujet + verbe + **comment** + ? *ou* **Comment** + sujet + verbe + ? (en français familier)
Tu vas comment ?   Il fait comment ?
Comment tu vas ?   Comment il fait ?

Question sur une cause

Pour poser une question sur une cause, on utilise **pourquoi**.

- **Pourquoi** est-ce que + sujet + verbe + ? (à l'oral)
Pourquoi est-ce qu'il est en retard ?   Pourquoi est-ce que tu portes un manteau ?

- **Pourquoi** + verbe + sujet + ? (à l'écrit)
Pourquoi est-il en retard ?   Pourquoi portes-tu un manteau ?

- **Pourquoi** + sujet + verbe + ? (en français familier)
Pourquoi il est en retard ?   Pourquoi tu portes un manteau ?

Question sur une quantité

Pour poser une question sur une quantité, on utilise **combien**.

- **Combien (de + nom)** est-ce que + sujet + verbe + ? (à l'oral)
Combien est-ce que tu gagnes ?   Combien d'amis est-ce qu'elle a ?

- **Combien (de + nom)** + verbe + sujet + ? (à l'écrit)
Combien gagnes-tu ?   Combien d'amis a-t-elle ?

⚠️ Si le verbe se termine par une voyelle, on ajoute -*t* entre le verbe et le sujet.

- **Combien (de + nom)** + sujet + verbe + ? *ou* sujet + verbe + **combien (de + nom)** + ? (en français familier)
Combien tu gagnes ?   Combien d'amis elle a ?
Tu gagnes combien ?   Elle a combien d'amis ?

Les pronoms interrogatifs avec une préposition

On peut ajouter une préposition (*à, de, avec, depuis...*) devant le pronom interrogatif. Elle est répétée dans la réponse.

À qui est-ce qu'elle parle ? **À** la vendeuse.
D'où tu viens ? Je viens **de** Suisse.
Avec qui elle va au cinéma ? **Avec** son père.
Depuis quand est-il malade ? **Depuis** trois jours.

Mémo

une personne	une chose	un lieu	le temps	la manière	la cause	la quantité
qui	que (qu'), quoi	où	quand	comment	pourquoi	combien (combien de)

Exercices

1 Transformez les questions en utilisant un mot interrogatif + *est-ce que*.

a. Tu vas où ? → Où est-ce que tu vas ?

b. Ça finira quand ? → ....

c. Pourquoi ils ne m'ont pas répondu ? → ....

d. Comment allez-vous payer ? → ....

e. On fait quoi ce soir ? → ....

f. Vous avez vu qui au marché ? → ....

2 Écrivez les questions avec un mot interrogatif + *est-ce que*.

a. — Quand est-ce que vous partez en vacances ?
— Nous partons en vacances **en juillet**.

b. — ....
— Ils vont voir **un match de rugby**.

c. — ....
— Ce voyage a coûté **566 €**.

d. — ....
— Ils sont allés à Lyon **en train**.

e. — ....
— Elle va dormir **à l'hôtel**.

3 Complétez avec les pronoms interrogatifs qui conviennent.

a. — **À qui** écrivent-ils ?

— À leurs amis finlandais.

b. — .... seras-tu disponible ?

— À partir du 15 janvier.

c. — .... avez-vous besoin pour travailler ?

— D'un nouvel ordinateur.

d. — .... cherchez-vous une location ?

— Depuis 2 ans.

e. — .... est-ce que vous allez au cinéma ?

— Avec Suzanne et Héloïse.

4 Écoutez et posez des questions avec les éléments proposés et les mots interrogatifs qui conviennent.

a. [tu vas voir] [est-ce que]

— **Qu'est-ce que tu vas voir ?**

b. [vous partez] [inversion sujet-verbe]

— ....

c. [elles ont visité] [intonation montante]

— ....

d. [il a payé] [inversion sujet-verbe]

— ....

e. [ils ne se sont pas vus] [est-ce que]

— ....

5 Rédigez les questions que vous allez poser à Sophie (avec *est-ce que*) et à Marcello (avec inversion sujet-verbe).

a. à Sophie [est arrivée à Paris en 2010 – est actrice depuis 4 ans – a tourné avec Romain Duris – est mariée avec un chanteur québécois]

Quand est-ce que vous êtes arrivée à Paris ? ....

....

....

b. à Marcello [a fait ses études à Milan – lit deux livres en ce moment – aime faire de la randonnée – va voyager en Mauritanie]

....

....

....

Qui, que, quoi, où, quand, comment, pourquoi, combien

25 Les adjectifs et les pronoms interrogatifs

Il connaît quels films français ?

Les adjectifs *quel, quelle, quels et quelles*

- *Quel, quelle, quels, quelles* s'accordent avec le nom qu'ils accompagnent.

- Singulier : **quel** (masculin), **quelle** (féminin)

Quel est votre avis ? **Quelle** est sa nationalité ?
Elle lit **quel** livre en ce moment ? Tu écoutes **quelle** chanson ?

- Pluriel : **quels** (masculin), **quelles** (féminin)
Il connaît **quels** films français ? **Quelles** sont ses qualités ?
Quels sont vos légumes préférés ? Vous visitez **quelles** villes ?

- Il peut y avoir une préposition (*pour, à, dans, de, chez, avec…*) devant *quel, quelle, quels, quelles*.
Pour quelle entreprise tu travailles ? **Dans quelle** ville est-ce qu'elle habite ?
C'est **à quelle** adresse ? Tu parles **de quel** film ?

- *Quel, quelle, quels, quelles* peuvent aussi exprimer la surprise.
Quel grand château ! **Quelles** belles tartes !

Les pronoms *lequel, laquelle, lesquels et lesquelles*

- *Lequel, laquelle, lesquels, lesquelles* remplacent les adjectifs interrogatifs *quel, quelle, quels, quelles* et le nom qu'ils accompagnent. Ils indiquent un choix et s'accordent selon le nom qu'ils remplacent.

- Singulier : **lequel** (masculin), **laquelle** (féminin)
Parmi ces films, **lequel** t'intéresse le plus ?
Entre le thé vert et le thé noir, tu préfères **lequel** ?
Tu choisis **laquelle** : la robe rose ou bleue ?
Entre ces danses, **laquelle** est-ce que tu préfères ?

- Pluriel : **lesquels** (masculin), **lesquelles** (féminin)
Lesquels choisissez-vous ?
Parmi tous ces desserts, tu aimes **lesquels** ?
Parmi ces couleurs, **lesquelles** sont vos préférées ?
Il y a beaucoup de personnes. **Lesquelles** sont tes amis ?

- Il peut y avoir une préposition (*pour, à, dans, de, chez, avec…*) devant *lequel, laquelle, lesquels, lesquelles*.
Parmi ces personnes, **pour laquelle** travaillez-vous ?
Tu as beaucoup d'amis. **Chez lequel** tu vas ?
Entre ces 10 magasins, **dans lesquels** tu veux aller ?
Il part avec plusieurs valises. **Avec lesquelles** il part ?
La personne **à laquelle** je pense n'est pas là.
C'est une histoire à la fin **de laquelle** tout le monde est heureux.

à + lequel, lesquels, lesquelles → auquel, auxquels, auxquelles :

Il y a trois garçons. **Auquel** je dois parler ?
Parmi tous ces acteurs français, **auxquels** pensez-vous ?
Cette association propose beaucoup d'activités. Tu vas t'inscrire **auxquelles** ?

 de + lequel, lesquels, lesquelles → duquel, desquels, desquelles :

Elle a quatre frères. Vous parlez **duquel** ?
Il y a beaucoup de parcs dans votre ville. À côté **desquels** habitez-vous ?
Il y a beaucoup de librairies dans la ville. Tu parles **desquelles** ?

Mémo

	adjectif interrogatif		pronom interrogatif	
	masculin	féminin	masculin	féminin
singulier	quel	quelle	lequel	laquelle
pluriel	quels	quelles	lesquels	lesquelles

Exercices

1 Complétez avec *quel*, *quelle*, *quels* ou *quelles* (**M** pour masculin, **F** pour féminin).

a. **Quelle** heure **F** est-il ?
b. .... âge **M** est-ce que vous avez ?
c. Tu lis .... journaux **M** ?
d. .... chaussures **F** porte-t-elle ?
e. .... animaux **M** ont-ils chez eux ?
f. .... jour **M** êtes-vous venu ?
g. Tu veux regarder .... émission **F** ?
h. .... villes **F** voulez-vous visiter ?

2 Associez (plusieurs possibilités).

a. Quel est
b. Quelle est
c. Quels sont
d. Quelles sont

1. ton nom **M** ?
2. tes loisirs **M** ?
3. ta nationalité **F** ?
4. ton adresse **F** ?
5. tes goûts **M** ?
6. tes qualités **F** ?
7. ta ville préférée **F** ?
8. ton numéro de téléphone **M** ?
9. tes fleurs préférées **F** ?

	a	b	c	d
1				

Les adjectifs et les pronoms interrogatifs

3 Écrivez les questions avec *quel(s)* ou *quelle(s)* et les mots proposés.

a. Éva est pâtissière. [la profession]
Quelle est la profession d'Éva ?

b. Cette baguette coûte 0,90 €. [le prix]
....

c. Les sœurs de Lucas s'appellent Zoé et Manon. [les prénoms]
....

d. Marco est italien. [la nationalité]
....

e. Tu peux appeler Salim au 07 88 87 32 11. [le numéro de téléphone]
....

f. Le drapeau français est bleu, blanc, rouge. [les couleurs]
....

g. Constance adore les éclairs au café. [la pâtisserie préférée]
....

h. Le livre s'appelle *Idiss*. [le titre]
....

4 Rédigez des questions avec *quel*, *quelle*, *quels* et *quelles* à partir des mots proposés.

a. [tu fais - études]
Tu fais quelles études ?

b. [tu rentres - en - année]
....

c. [tu manges - type de nourriture]
....

d. [tu te lèves - à - heure]
....

e. [tu fais - tâches ménagères]
....

f. [tu écoutes - style de musique]
....

g. [tu regardes - films au cinéma]
....

h. [tu rentres chez tes parents - jour]
....

i. [tu aimes - artistes internationaux]
....

5 Transformez avec *lequel, laquelle, lesquels* ou *lesquelles*.

a. Quel livre avez-vous acheté ?
→ **Lequel avez-vous acheté ?**

b. Quelles langues est-ce que tu parles ?
→ ....

c. À côté de quel restaurant se donne-t-on rendez-vous ?
→ ....

d. Quelle chaîne de télévision vous préférez ?
→ ....

e. À quelles compétitions participes-tu ?
→ ....

f. Quels parfums de glace aimez-vous ?
→ ....

g. Près de quelles montagnes est-ce que vous vivez ?
→ ....

h. Quel train a-t-elle pris ?
→ ....

i. Dans quelle boutique souhaitez-vous aller ?
→ ....

6 Complétez les dialogues avec *quel, lequel*...

— Bonjour, je souhaiterais acheter un beau bijou.
— Et **quel** type de bijou recherchez-vous ?
— Un collier.
— Pour .... occasion ?
— Un anniversaire.
— .... bonne idée !
— J'hésite entre ces deux-là. .... me conseillez-vous ?
— Je ne sais pas. .... est la couleur de ses yeux ?
— Marron.
— .... est son style : classique ou décontracté ?
— Classique.
— Et .... est sa pierre préférée ?
— Le diamant.
— Alors, je vous conseille de prendre celui-là.
— Très bien, merci. Je suis sûr que ma petite chienne Cookie sera ravie de son cadeau !

26 Le discours indirect

Elle demande s'ils vont bien. Je veux savoir s'il vient ce soir.

Discours direct ou indirect ?

On utilise le discours indirect pour rapporter des paroles (dire ce que quelqu'un a dit).
« J'ai froid. » → Pierre dit qu'il a froid.
« Je vais à la bibliothèque. » → Léa dit qu'elle va à la bibliothèque.

Les phrases déclaratives

● On utilise les verbes introducteurs *dire, annoncer, expliquer, déclarer, répondre, ajouter…* + *que*.
« Nous allons arriver à 20 h. » → Ils **annoncent qu'**ils vont arriver à 20 h.
« On n'a pas faim. » → Les enfants **disent qu'**ils n'ont pas faim.

● On change les sujets, les pronoms et les possessifs.
« **J'**ai un nouvel appartement. » → Elle annonce qu'**elle** a un nouvel appartement.
« Je suis content de **te** voir. » → Il déclare qu'il est content de **me** voir.
« Ce ne sont pas **nos** amis. » → Ils expliquent que ce ne sont pas **leurs** amis.

Les phrases interrogatives

● On utilise les verbes introducteurs *aimer savoir* (au conditionnel), *demander, vouloir savoir…* et on écrit le mot interrogatif (*où, quand, comment, pourquoi, qui*) après le verbe introducteur.
« **Où** sont-ils ? » → Il **demande où** ils sont.
« **Comment** va-t-il ? » → Elle **veut savoir comment** il va.

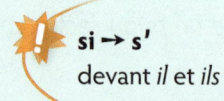
si → *s'* devant *il* et *ils*

● Pour les questions qui ont pour réponse *oui, non* ou *si*, on écrit *si* après le verbe introducteur.
« Est-ce que vous pouvez faire les courses ? » → Il **demande si** on peut faire les courses.
« Ils vont bien ? » → Elle **aimerait savoir s'**ils vont bien.

● Pour les questions avec *qu'est-ce que*, on écrit *ce que* et pour les questions avec *qu'est-ce qui*, on écrit *ce qui* après le verbe introducteur.
« **Qu'est-ce que** vous avez appris ? » → Sandra **veut savoir ce que** nous avons appris.
« **Qu'est-ce qu'**on fait ce soir ? » → Il **demande ce qu'**on fait ce soir.
« **Qu'est-ce qui** se passe à Paris ? » → Il **aimerait savoir ce qui** se passe à Paris.

● Pour les questions avec *qui est-ce qui, qui est-ce que* et *qui*, on écrit *qui* après le verbe introducteur.
« **Qui est-ce qui** téléphone ? » → Elle **veut savoir qui** téléphone.
« **Qui est-ce que** tu dois prévenir ? » → Il **demande qui** je dois prévenir.
« **Qui** vient à la soirée ? » → Mon amie **aimerait savoir qui** vient à la soirée.

Les phrases à l'impératif

On utilise les verbes introducteurs *dire, conseiller, ordonner…* + *de*.
On met le verbe qui suit à l'infinitif.
« Commence par l'exercice 2 ! » → Il me **conseille de commencer** par l'exercice 2.
« Attends un peu ! » → Il me **dit d'attendre** un peu.
« Ne viens pas ! » → Elle m'**ordonne de** ne pas **venir**.

Le temps des verbes

Si le verbe introducteur est au présent, on ne change pas le temps des autres verbes.

- Présent :
« Je **viens** tout de suite. » → Il **dit** qu'il **vient** tout de suite.

- Passé composé :
« Nous **sommes venus** hier. » → Ils **disent** qu'ils **sont venus** hier.

- Futur proche :
« Nous **allons venir** demain. » → Elles **disent** qu'elles **vont venir** demain.

- Futur simple :
« Je **viendrai** le mois prochain. » → Elle **dit** qu'elle **viendra** le mois prochain.

Exercices

1 Écoutez et cochez le type de discours utilisé dans chaque phrase.

	a	b	c	d	e	f	g	h
discours direct	☐	☐	☐	☐	☐	☐	☐	☐
discours indirect	☑	☐	☐	☐	☐	☐	☐	☐

2 Associez les deux parties de phrase.

a. Elle dit qu'
b. Elle demande où
c. Elle demande si
d. Elle demande ce qui
e. Elle demande ce que
f. Elle demande de

1. se trouve le bureau des relations internationales.
2. elle vient de Munich.
3. elle peut avoir une aide au logement.
4. va se passer si elle ne réussit pas les examens.
5. la corriger quand elle fait des erreurs.
6. signifie « RU » en français.

3 Transformez les phrases au discours indirect.

a. L'entraîneur dit aux joueurs : « Vous avez très bien joué. »

→ L'entraîneur dit aux joueurs qu'ils ont très bien joué.

b. Les adversaires disent : « Nous sommes très déçus. »

→ ....

c. Un journaliste annonce : « Les joueurs ont fait un bon match. »

→ ....

d. Les supporters disent : « Vous allez gagner la coupe. »

→ ....

e. Le capitaine déclare : « C'est la meilleure équipe française. »

→ ....

f. Les joueurs disent : « Nous sommes contents d'avoir gagné. »

→ ....

g. Le médecin déclare : « Adrien Biotteau s'est blessé à la cheville. »

→ ....

h. Adrien Biotteau dit : « Je ne pourrai pas participer au prochain match. »

→ ....

4 Transformez les phrases au discours indirect (votre ami vous expose les questions qu'on va vous poser lors d'un entretien d'embauche).

a. Est-ce que vous pouvez vous présenter ?

→ Le directeur va te demander si tu peux te présenter.

b. Où avez-vous étudié l'année dernière ?

→ ....

c. Pourquoi avez-vous postulé ?

→ ....

d. Est-ce que vous avez des expériences professionnelles ?

→ ....

e. Quelles sont vos motivations ?

→ ....

f. Parlez-vous plusieurs langues ?

→ ....

g. Comment avez-vous connu notre entreprise ?

→ ....

h. Quand pourrez-vous commencer à travailler ?

→ ....

5 Soulignez la proposition qui convient.

a. Pauline demande à ses parents [<u>si</u> / ce qu' / est-ce qu'] elle peut sortir samedi soir.
b. Nos amis libanais veulent savoir [pourquoi / comment / quel] jour ils peuvent venir nous voir.
c. Noah se demande [où / comment / pourquoi] tous les magasins sont fermés.
d. Nous aimerions savoir [si / comment / est-ce que] vous vous sentez bien.
e. Elles se demandent [ce que / ce qui / que] nous faisons devant chez elles.
f. Andréa veut savoir [si / ce que / ce qui] nous faisons au Nouvel An.

6 Transformez les phrases au discours indirect.

a. Paul dit à son fils : « Range ta chambre ! »
→ **Paul dit à son fils de ranger sa chambre.**

b. Le patron dit à ses ouvriers : « Soyez ponctuels ! »
→ ....

c. Un commerçant demande à son client : « Fermez la porte ! »
→ ....

d. Mon ami me conseille : « Accepte cette proposition ! »
→ ....

e. Le médecin ordonne à son patient : « Faites un régime ! »
→ ....

f. Un directeur dit à son employé : « Reposez-vous bien pendant les vacances ! »
→ ....

g. Un pompier ordonne aux habitants : « Sortez tout de suite ! »
→ ....

7 Transformez au discours indirect les questions d'un journaliste à des spectateurs.

a. Qu'est-ce que vous avez pensé de ce film ? [demander]
→ **Le journaliste demande ce qu'ils ont pensé de ce film.**

b. Est-ce que vous avez aimé le jeu des acteurs ? [vouloir savoir]
→ Le journaliste ....

c. Quel moment avez-vous préféré ? [demander]
→ Le journaliste ....

d. Parlez-moi de votre personnage préféré. [demander]
→ Le journaliste ....

e. Est-ce que vous avez aimé la fin de l'histoire ? [vouloir savoir]
→ Le journaliste ....

f. Qu'est-ce que vous avez pensé de la musique ? [demander]
→ Le journaliste ....

Le discours indirect

27 Les articulateurs logiques (cause…)

J'ai compris l'exercice grâce à toi.

La cause

La cause permet d'expliquer une situation.

- une cause positive ou négative : **parce que** + sujet + verbe à l'indicatif.
Nous restons à la maison **parce qu'il fait** très chaud.
Je suis fatiguée **parce que j'ai** beaucoup **travaillé**.

- une cause positive : **grâce à** + déterminant + nom ou **grâce à** + pronom tonique.
Elle voyage **grâce au** train, **à la** voiture et **à** l'avion.
J'ai compris l'exercice **grâce à** toi.

- une cause négative : **à cause de** + déterminant + nom ou **à cause de** + pronom tonique.
Pauline est en colère **à cause de** son frère et **à cause du** voisin.
À cause d'elle, nous ne pourrons pas partir en vacances.

La conséquence

La conséquence indique un résultat.

- **donc** + sujet + verbe à l'indicatif ou **alors** + sujet + verbe à l'indicatif.
Il fait très chaud, **donc nous restons** à la maison.
J'ai beaucoup travaillé, **alors je suis** fatigué.

- Au passé composé, on peut écrire **donc** ou **alors** devant le sujet ou entre l'auxiliaire et le participe passé.
Donc, vous avez dîné au restaurant ? = Vous **avez donc dîné** au restaurant ?
Son train est parti, **alors je** suis rentré chez moi. = Son train est parti, je **suis alors rentré** chez moi.

Le but

Le but indique un objectif.
On utilise **pour** + infinitif avec le même sujet.
Léa étudie. **Elle** veut être médecin. → **Léa** étudie **pour être** médecin.
Nous faisons du sport **pour rester** en forme.

L'opposition

L'opposition met en relation deux idées contraires.
On utilise **mais** + sujet + verbe à l'indicatif ou **par contre** + sujet + verbe à l'indicatif.
Il aime le thé **mais il déteste** le café.
Je ne suis pas d'accord avec toi. **Par contre**, **je suis** d'accord avec Jérémie.

Mémo

la cause	positive ou négative	parce que + sujet + verbe à l'indicatif
	positive	grâce à + déterminant + nom grâce à + pronom tonique
	négative	à cause de + déterminant + nom à cause de + pronom tonique
la conséquence		donc + sujet + verbe à l'indicatif alors + sujet + verbe à l'indicatif
le but		pour + infinitif
l'opposition		mais + sujet + verbe à l'indicatif par contre + sujet + verbe à l'indicatif

Exercices

 +3 exercices

1 Écoutez et écrivez l'articulateur utilisé dans chaque phrase. 95

a. parce que
b. ....
c. ....
d. ....
e. ....
f. ....
g. ....
h. ....
i. ....

2 Remettez les lettres dans l'ordre pour trouver les articulateurs logiques.

a. [R / A / P / T / E / R / N / O / C] par contre
b. [M / S / I / A] ....
c. [R / U / O / P] ....
d. [N / C / O / D] ....
e. [S / A / L / R / O] ....
f. [A / P / R / E / C / U / E / Q] ....
g. [C / Â / À / R / E / G] ....

3 Associez.

a. Nous avons compris la leçon
b. Ils ne sont pas sortis
c. Je ne prends pas de dessert
d. Nous avons marché vite,
e. Elles travaillent dur
f. On va souvent au cinéma
g. Je sais que vous ne m'écrirez pas,
h. Ils sont en colère contre nous,

1. pour obtenir leur diplôme.
2. grâce aux explications du professeur.
3. parce qu'on aime regarder des films.
4. à cause du mauvais temps.
5. par contre vous me téléphonerez ?
6. mais je veux bien du fromage.
7. donc nous sommes arrivés à l'heure.
8. alors ils ne nous parlent plus.

Les articulateurs logiques (cause, conséquence, but, opposition)

4 Écrivez les phrases avec *grâce à*, *à cause de* et *parce que*.

a. [j'ai appris à être patiente – les enfants]
J'ai appris à être patiente grâce aux enfants.

b. [il ne peut pas courir – il s'est cassé la jambe]
....

c. [beaucoup d'arbres sont tombés – la tempête]
....

d. [elle est fatiguée – elle a conduit toute la nuit]
....

e. [M. Mauger est absent – un rendez-vous chez le dentiste]
....

f. [elle a obtenu son diplôme – ses efforts]
....

5 Faites des phrases à partir des causes et des conséquences proposées (plusieurs possibilités).

a. cause : Il y a beaucoup d'espaces verts.   **conséquence :** Tours est une ville agréable.
Tours est une ville agréable parce qu'il y a beaucoup d'espaces verts.
Il y a beaucoup d'espaces verts, donc Tours est une ville agréable.

b. cause : Les bars de la ville ferment à minuit.   **conséquence :** Il y a moins de bruit la nuit.
....

c. cause : La pollution des voitures.   **conséquence :** On a construit des tramways.
....

d. cause : Les étudiants n'ont pas d'argent.   **conséquence :** Quelques musées sont gratuits.
....

e. cause : La rentrée scolaire.   **conséquence :** Les villes sont plus animées.
....

f. cause : Il y a des cinémas en ville.   **conséquence :** Les étudiants sortent le soir.
....

g. cause : Les aides de la mairie.   **conséquence :** Des quartiers se sont développés.
....

6 Écrivez des phrases à partir des mots proposés (plusieurs possibilités).

a. [J'ai froid – le mauvais temps (cause). J'allume le chauffage (conséquence).]
J'ai froid à cause du mauvais temps. J'allume donc le chauffage.

b. [Je suis en forme – le sport (cause). J'en fais moins qu'avant (opposition).]
....
....

c. [J'ai mal au ventre – j'ai trop mangé (cause). Je vais prendre un médicament (conséquence).]
....
....

d. [Je suis inquiet – les examens (cause). Je dors bien (opposition).]
....
....

e. [J'ai tout compris – le professeur (cause). Je vais lui écrire pour le remercier (conséquence).]
....
....

f. [Je suis content – mes amis viennent ce week-end (cause). Je travaille samedi (opposition).]
....
....

7 Complétez avec *parce que* ou *pour*.

a. Je suis là **pour** vous aider.
b. Je suis là .... vous avez besoin de mon aide.
c. Nous allons nous coucher .... nous sommes très fatigués.
d. Nous allons nous coucher .... être moins fatigués demain.
e. Ils téléphonent .... ils sont inquiets pour nous.
f. Ils téléphonent .... prendre de nos nouvelles.

8 Complétez le courriel avec des articulateurs logiques (plusieurs possibilités).

Cher Arlequin,

Je vous écris **pour** vous remercier. Hier, ... vous, mes enfants ont passé un excellent moment. Mon fils n'aimait plus les clowns .... des blagues qu'il ne comprenait pas, ... vous, on vous trouve très drôle. .... ce n'est pas le cas de Pierrot, ... il pleure trop ! Ma fille est très sensible .... elle est très triste quand elle le voit. Et dites aussi à Philomène de faire attention quand elle marche sur un fil. Moi, j'ai toujours très peur, ... je ferme les yeux ! .... félicitez tous les autres comédiens !

Colombine

Les articulateurs logiques (cause, conséquence, but, opposition)

28 La condition

Si ça ne va pas, je suis là.

L'expression de la condition

La condition indique la probabilité que quelque chose se réalise.

La condition est :

- une généralité : **Si + présent de l'indicatif + présent de l'indicatif**
Si vous **achetez** une baguette, on vous **offre** la deuxième.
Si vous **êtes** étudiant, vous **avez** 20 % de réduction.

- une action possible immédiate : **Si + présent de l'indicatif + présent de l'indicatif**
Si elle **a** besoin de moi, j'**arrive** tout de suite.
Si ça ne **va** pas, je **suis** là.

- une action possible dans le futur : **Si + présent de l'indicatif + futur simple ou proche**
Si vous **tournez** à droite, vous **verrez** la pharmacie.
Si tu **manges** trop, tu **vas avoir** mal au ventre.

- une action possible qui est un ordre, un conseil ou une instruction : **Si + présent de l'indicatif + impératif**
Si tu **veux** avoir de bonnes notes, **travaille** !
Si vous **avez** du temps, **allez** à la piscine.
S'il **pleut**, n'**oubliez** pas de prendre votre parapluie.

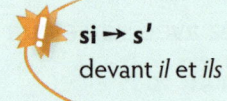
si → s'
devant *il* et *ils*

Exercices

1 Associez les deux parties de chaque phrase.

a. Si vous avez du temps,
b. Si nous nous perdons,
c. S'ils sont sympas,
d. Si on a assez d'argent,
e. Si je peux,
f. Si elle trouve un travail,
g. Si tu es triste,

1. ils pourront revenir.
2. passez nous voir !
3. nous vous téléphonons.
4. elle achètera une voiture.
5. j'irai aux sports d'hiver.
6. ne reste pas tout seul !
7. on ira avec vous au restaurant.

a	b	c	d	e	f	g
2						

2 Soulignez la condition puis reliez les phrases avec *si*.

a. <u>Je suis malade.</u> Je ne sortirai pas.
Si je suis malade, je ne sortirai pas.

b. Ils sont sympas. Nous les inviterons.
....

c. N'hésitez pas à nous contacter ! Vous avez besoin de nous.
....

d. Ils sont fatigués. Ils doivent se coucher plus tôt.
....

e. Elles vont organiser une fête. Elles ont assez d'argent.
....

f. Préviens-moi ! Tu es disponible le week-end du 18 octobre.
....

g. Nous partons dans une heure. Nous allons être en retard.
....

h. Elles peuvent nous téléphoner. Elles se perdent dans la ville.
....

3 Écrivez les phrases avec *si* et les mots proposés.

a. [je - gagner 500 000 € à la loterie - je - acheter une maison] [futur simple]
Si je gagne 500 000 € à la loterie, j'achèterai une maison.

b. [mon mari et moi - avoir le temps - nous - partir en vacances] [futur proche]
....

c. [les enfants - ne pas être fatigués - nous - aller faire des courses] [futur simple]
....

d. [vous - aimer cuisiner - ce livre - être parfait pour vous] [futur simple]
....

e. [on - ne pas travailler assez - on - ne pas avoir notre diplôme] [futur proche]
....

f. [tu - ne pas faire attention - tu - faire des erreurs] [futur proche]
....

g. [ils - avoir faim - ils - manger plus tôt] [futur simple]
....

h. [nous - pouvoir - nous - vous téléphoner] [futur simple]
....

Conjugaison

29 — Le présent : être, avoir, faire et aller

Il est marié. Emma a 25 ans.

Être

Être
Je **suis**
Tu **es**
Il / Elle / On **est**
Nous **sommes**
Vous **êtes**
Ils / Elles **sont**

On utilise **être** avec :
- la nationalité : Nous **sommes** espagnols. / Tu **es** brésilien ?
- une profession : Mes amis **sont** architectes. / Vous **êtes** médecin ?
- une description : L'appartement **est** grand. / Elles **sont** petites.
- un lieu où on est : Je **suis** dans le centre-ville. / Il **est** à Paris.

Prononciation on est, vous êtes

Avoir

Avoir
J'**ai**
Tu **as**
Il / Elle / On **a**
Nous **avons**
Vous **avez**
Ils / Elles **ont**

On utilise **avoir** avec :
- l'âge : Emma **a** 25 ans. / Vous **avez** quel âge ?
- un objet, un animal : Ils **ont** une jolie maison. / Tu **as** des animaux ?
- la famille : J'**ai** deux fils. / Elles **ont** dix cousins.
- une sensation : On **a** soif. / Nous **avons** très chaud.

Prononciation on a, nous avons, vous avez, ils ont, elles ont

Faire

Faire
Je fai**s**
Tu fai**s**
Il / Elle / On fai**t**
Nous fai**sons**
Vous fai**tes**
Ils / Elles f**ont**

On utilise **faire** pour parler d'une activité, d'un loisir (sport, musique, etc.).
Je **fais** du piano.
Tu **fais** tes devoirs.
Nous **faisons** de la natation.
Elles **font** du pain.

Aller

Aller
Je **vais**
Tu **vas**
Il / Elle / On **va**
Nous all**ons**
Vous all**ez**
Ils / Elles **vont**

On utilise le verbe **aller** pour indiquer un déplacement.
Tu **vas** chez Marie ?
Ils **vont** au supermarché.

Prononciation nous allons, vous allez

Exercices

1 Écoutez et indiquez les liaisons.

a. Elles ont une belle maison.
b. Nous allons au cinéma.
c. On est à la poste.
d. Vous êtes américain ?
e. Vous allez où ?
f. Ils ont très faim.
g. Vous avez froid ?
h. Nous avons quatre enfants.

2 Complétez.

a. vous F _ _ T _ _
b. nous A _ O _ _
c. je V _ I _
d. il _ S _
e. vous _ T E _
f. ils O _ _
g. nous A L _ O _ _
h. on F A _ _

3 Associez les sujets aux phrases.

a. Tu   1. êtes mariés ?
b. Je   2. vas au festival de jazz ?
c. On   3. suis américaine.
d. Léa et Paul   4. allons au théâtre.
e. Nous   5. fait du sport ?
f. Vous   6. ont un magnifique appartement.

a	b	c	d	e	f
2					

4 Entourez les verbes au présent.

[~~avoir - tu~~]   [faire - je]
[avoir - ils]   [faire - elles]
[être - il]   [aller - tu]
[être - nous]   [aller - vous]

B	G	A	U	F	A	U	S	I	D
S	O	N	S	T	S	O	N	T	A
O	N	A	T	O	N	T	R	A	L
M	S	V	E	L	O	N	S	I	L
M	F	A	I	S	E	Z	E	E	E
E	A	S	N	I	T	E	A	S	Z
S	I	O	F	O	N	T	E	T	I

5 Complétez le tableau avec la forme verbale qui convient.

	on	je	elles	vous	tu	nous
aller	va			allez		
faire		fais				faisons
avoir			ont		as	
être	est			êtes		

Le présent : être, avoir, faire et aller

6 Soulignez la forme verbale qui convient.

a. — Tu [<u>fais</u> / fait / faites] du sport ?

— Oui, je [fais / fait / font] du volley-ball et je [vais / vas / va] à la piscine.

b. — Quel âge vous [ont / avons / avez] ?

— On [ai / a / as] 6 ans tous les deux. On [est / es / sommes] jumeaux.

c. — Tu [as / a / ai] faim ?

— Oui, un peu, mais j'[ai / a / avons] surtout soif.

d. — Qu'est-ce qu'elle [fais / faisons / fait] ? Il est déjà 17 h.

— Je crois qu'elle [fais / fait / faites] des courses.

e. — Vous [sommes / êtes / sont] fatigués ?

— Oui, on [suis / est / es] très fatigués et on [a / as / ont] envie de dormir.

f. — Qu'est-ce qu'on [fait / font / faisons] ce soir ?

— On [va / allons / vais] au théâtre si tu veux.

g. — Nous [faisons / faites / fait] des promenades presque tous les jours.

— Ah oui, vous [vont / allez / allons] où ?

7 Complétez la grille en conjuguant les verbes au présent.

a. [avoir – vous]   **1.** [être – tu]
b. [faire – il]   **2.** [aller – tu]
c. [aller – nous]   **3.** [être – il]
d. [faire – vous]   **4.** [aller – je]
e. [avoir – tu]   **5.** [avoir – nous]
f. [avoir – ils]   **6.** [être – nous]

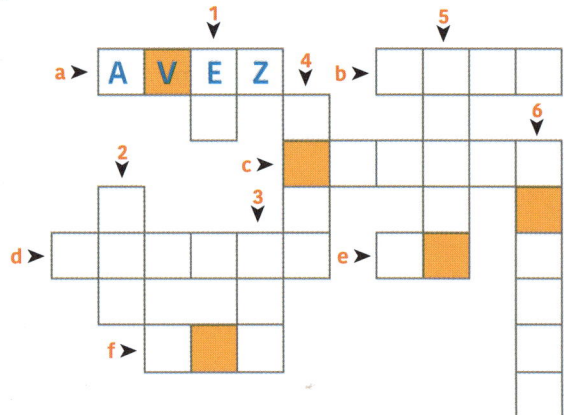

Remettez dans l'ordre les lettres des cases orange pour écrire un verbe conjugué au présent :

nous ....

8 Répondez aux questions.

a. — Selon vous, les Françaises sont-elles gourmandes ?

— Oui, **selon moi elles sont gourmandes.**

b. — Oh ! Il fait 17 degrés dans la maison. Tu as froid ?

— Oui, ...

c. — Messieurs, vous êtes bien les nouveaux informaticiens ?

— Oui, ...

d. — Madame Gautier, allez-vous à la réunion à 10 h ?

— Oui, ...

e. — Est-ce que Jules fait de la guitare cette année ?

— Oui, ...

9 Conjuguez les verbes au présent.

a. Qu'est-ce que vous [faire] **faites** quand vous êtes en vacances ?
b. Mes amis [aller] .... en Espagne la semaine prochaine.
c. Est-ce que Sofia [être] .... heureuse de vivre en France ?
d. Les enfants, vous [avoir] .... soif ?
e. Nous [faire] .... du sport tous les dimanches.
f. Nous [aller] .... les aider.
g. Vous n' [aller] .... jamais au cinéma pendant les vacances ?
h. Quel âge [avoir] .... -vous ?
i. Elles [faire] .... de l'équitation tous les mercredis à 15 h.
j. Mes parents et moi [aller] .... souvent au bord de la mer le week-end.
k. Paco et Pedro [avoir] .... 8 ans.
l. À quelle heure est-ce que tu [aller] .... à l'université ?

10 Complétez le courriel avec les verbes proposés.

Coucou Clara,

Nous [être] **sommes** à Cannes depuis une semaine.
Ici, il [faire] .... très beau. Il [faire] .... 30°C.
Le matin, nous [faire] .... une promenade sur la Croisette, c' [être]
.... l'avenue au bord de la mer. L'après-midi, nous [aller] ....
à la plage. Nous [faire] .... aussi un peu de sport : du vélo et du surf.
Ce soir, on [aller] .... au cirque.
Timéo [être] .... très content parce qu'il sait nager maintenant !
Bref, on passe vraiment de bonnes vacances au soleil !
On t'embrasse.
Marie, Fred et Timéo

11 Rédigez des phrases pour présenter les personnes. Utilisez les verbes et les mots proposés.

a. Un homme [français – célibataire – vingt-cinq ans – aller au travail – faire du football et de la course à pied – directeur d'entreprise – grand – yeux bleus – brun]
Il est français. ....
....
....

b. Un homme et une femme [retraités – mariés – petite – grand – faire de la danse – aller au bal]
....
....
....

30. Le présent : les verbes en -er

Jules habite à Angers mais il travaille à Paris.

La conjugaison

Base (regarder → regard-er → regard) + **terminaisons** (-e, -es, -e, -ons, -ez, -ent).

Adorer
J'ador**e**
Tu ador**es**
Il / Elle / On ador**e**
Nous ador**ons**
Vous ador**ez**
Ils / Elles ador**ent**

Regarder
Je regard**e**
Tu regard**es**
Il / Elle / On regard**e**
Nous regard**ons**
Vous regard**ez**
Ils / Elles regard**ent**

Se marier
Je me mari**e**
Tu te mari**es**
Il / Elle / On se mari**e**
Nous nous mari**ons**
Vous vous mari**ez**
Ils / Elles se mari**ent**

Prononciation on adore, nous adorons, vous adorez, ils adorent, elles adorent

Quelques verbes particuliers

Acheter
J'ach**è**t**e**
Tu ach**è**t**es**
Il / Elle / On ach**è**t**e**
Nous achet**ons**
Vous achet**ez**
Ils / Elles ach**è**t**ent**

Préférer
Je préf**è**r**e**
Tu préf**è**r**es**
Il / Elle / On préf**è**r**e**
Nous préfér**ons**
Vous préfér**ez**
Ils / Elles préf**è**r**ent**

Emmener
J'emm**è**n**e**
Tu emm**è**n**es**
Il / Elle / On emm**è**n**e**
Nous emmen**ons**
Vous emmen**ez**
Ils / Elles emm**è**n**ent**

Se promener
Je me prom**è**n**e**
Tu te prom**è**n**es**
Il / Elle / On se prom**è**n**e**
Nous nous promen**ons**
Vous vous promen**ez**
Ils / Elles se prom**è**n**ent**

Changer
Je chang**e**
Tu chang**es**
Il / Elle / On chang**e**
Nous chang**eons**
Vous chang**ez**
Ils / Elles chang**ent**

Manger
Je mang**e**
Tu mang**es**
Il / Elle / On mang**e**
Nous mang**eons**
Vous mang**ez**
Ils / Elles mang**ent**

S'appeler
Je m'appe**lle**
Tu t'appe**lles**
Il / Elle / On s'appe**lle**
Nous nous appel**ons**
Vous vous appel**ez**
Ils / Elles s'appe**llent**

Jeter
Je je**tte**
Tu je**ttes**
Il / Elle / On je**tte**
Nous jet**ons**
Vous jet**ez**
Ils / Elles je**ttent**

Commencer
Je commenc**e**
Tu commenc**es**
Il / Elle / On commenc**e**
Nous commen**çons**
Vous commenc**ez**
Ils / Elles commenc**ent**

Exercices

 +3 exercices

1 Transformez les phrases.

a. Je déjeune à la cantine. → Les enfants **déjeunent à la cantine.**
b. Tu écoutes quel chanteur ? → Vous ....
c. Elle parle trois langues. → Tu ....
d. Je porte une robe. → Camille ....
e. M. Moreau arrive à 16 h. → M. et Mme Ramy ....
f. Il travaille dans un cinéma. → Nous ....
g. J'habite à Londres. → Mes frères ....
h. Nous regardons un film. → Abdel ....
i. Qu'est-ce que vous achetez ? → Qu'est-ce que tu ....
j. Sam change souvent de voiture. → Nous ....
k. Julie jette de l'eau partout. → Les enfants ....

2 Conjuguez les verbes proposés au présent.

a. Marc [se réveiller] **se réveille** tard le dimanche.
b. Nous [se retrouver] .... tous les samedis matin au marché.
c. Je [se lever] .... tous les jours à 6 h.
d. Matthieu [se promener] .... au parc Saint-Nicolas.
e. Vladimir et Larissa [se marier] .... samedi prochain à Laval.
f. Comment tu [s'appeler] .... ?
g. On [s'excuser] .... de ne pas venir à ta soirée.

3 Conjuguez les verbes proposés au présent.

Le matin, nous [se lever] **nous levons** à 7 h. Mon mari, Tonio, [préparer] ....
le petit déjeuner et [réveiller] .... les enfants. Après avoir mangé, je
[se brosser] .... les dents et je [se laver] ....
Puis, je [s'habiller] .... et je [s'occuper] ....
de Flavio. On [se dépêcher] .... tous, car je dois déposer Raquel à 8 h 30
à l'école primaire et Tonio [emmener] .... Flavio à la crèche. Ensuite,
je [commencer] .... ma journée de travail. À midi, je [déjeuner]
.... au restaurant avec mes collègues et vers 13 h 30, on [retourner]
.... au bureau. À 17 h 30, je [passer] .... chercher
les enfants. Après, j' [emmener] .... Raquel à son cours de danse.
Tonio [préférer] .... rester à la maison pour s'occuper de Flavio.
Vers 19 h, on [rentrer] .... à la maison.

Le présent : les verbes en -er

31 Le présent : pouvoir, vouloir, devoir et savoir

Est-ce que vous pouvez venir à 17 h ? Je dois étudier ce soir.

Pouvoir

Pouvoir
Je p**eux**
Tu p**eux**
Il / Elle / On p**eut**
Nous pouv**ons**
Vous pouv**ez**
Ils / Elles p**euvent**

On utilise le verbe **pouvoir** pour indiquer la possibilité.
Est-ce que vous **pouvez** venir à 17 h ?
Je **peux** venir demain.
Tu **peux** conduire ?

Vouloir

Vouloir
Je v**eux**
Tu v**eux**
Il / Elle / On v**eut**
Nous voul**ons**
Vous voul**ez**
Ils / Elles v**eulent**

On utilise le verbe **vouloir** pour indiquer la volonté.
Noura **veut** partir en vacances en Afrique.
Tu **veux** faire du tennis ?
Ils **veulent** un gâteau.
Vous **voulez** un café ?

Devoir

Devoir
Je d**ois**
Tu d**ois**
Il / Elle / On d**oit**
Nous dev**ons**
Vous dev**ez**
Ils / Elles d**oivent**

On utilise le verbe **devoir** pour indiquer une obligation.
Je **dois** étudier ce soir.
Qu'est-ce que vous **devez** faire ?
Elles **doivent** lire le texte.

> À la forme négative devoir = l'interdiction.

Savoir

Savoir
Je s**ais**
Tu s**ais**
Il / Elle / On s**ait**
Nous sav**ons**
Vous sav**ez**
Ils / Elles sav**ent**

On utilise **savoir** pour indiquer une connaissance.
Elle **sait** chanter.
Vous **savez** parler chinois ?
Ils **savent** lire ?

Exercices

1 Complétez les verbes.

a. on S **A** I **T**
b. ils P _ _ VE _ _
c. on V _ U _
d. je D _ I _
e. elle P _ U _
f. vous D _ V _ _
g. vous SAV _ _
h. ils V _ _ L _ N _

2 Écoutez les phrases et cochez les verbes que vous entendez.

a. ☐ il veut ☑ ils veulent
b. ☐ elle veut ☐ elles veulent
c. ☐ elle sait ☐ elles savent
d. ☐ il doit ☐ ils doivent
e. ☐ il doit ☐ ils doivent
f. ☐ elle peut ☐ elles peuvent
g. ☐ il peut ☐ ils peuvent
h. ☐ il sait ☐ ils savent

3 Complétez le tableau avec la forme verbale qui convient.

	elle	tu	nous	ils	je	vous
vouloir		veux				voulez
savoir	sait			savent		
pouvoir		peux				pouvez
devoir			devons		dois	

4 Associez.

a. Tu
b. Il
c. Elles
d. Nous
e. Vous
f. Je

1. pouvez aller chercher le pain ?
2. peux venir à la maison ?
3. ne peut pas venir nous voir.
4. pouvons sortir jusqu'à minuit.
5. peuvent venir à partir de 11 h.
6. peux te déposer à la gare.

a	b	c	d	e	f
2					

5 Remettez les lettres dans l'ordre pour trouver le verbe *savoir* conjugué au présent et son sujet.

a. [S / A / T / S / U / I] tu sais
b. [S / A / I / J / E / S] ....
c. [A / S / U / V / O / S / Z / E / V] ....
d. [T / O / S / N / A / I] ....
e. [V / S / E / N / L / A / T / L / E / S / E] ....
f. [S / N / S / O / U / A / N / V / O / S] ....

Le présent : *pouvoir, vouloir, devoir et savoir* **99**

6 Soulignez la forme verbale qui convient.
a. Qu'est-ce que tu [veux / veut / veulent] faire ce soir ?
b. Est-ce que vous [voulons / voulez / veulent] dîner à la maison ?
c. Je [veux / veut / veulent] acheter un nouveau téléphone portable.
d. Nous [voulez / voulons / veulent] partir en vacances fin juin.
e. Ils ne [veux / veut / veulent] pas faire leurs devoirs.
f. Est-ce que Léo [veut / veux / voulons] bien rester un peu plus tard ?
g. On [veux / veut / voulez] aller à la fête de la musique.
h. Est-ce qu'elle [veut / veulent / voulez] une part de tarte ?
i. Ils [veulent / voulez / veut] nous accompagner à la gare.
j. Est-ce que vous [voulons / veux / voulez] sortir ?
k. Je ne [veux / veut / voulez] pas travailler dans cette entreprise.

7 Complétez la grille en conjuguant les verbes au présent.

a. [pouvoir – nous]   1. [devoir – je]
b. [savoir – nous]   2. [pouvoir – elles]
c. [savoir – on]   3. [vouloir – nous]
d. [vouloir – il]   4. [savoir – vous]
e. [devoir – vous]   5. [savoir – tu]

Remettez dans l'ordre les lettres des cases orange pour écrire un verbe conjugué au présent :
ils ....

8 Conjuguez les verbes au présent.
a. Monsieur, vous [devoir] **devez** vous présenter au bureau 415 vendredi 10 février à 8 h. Si vous ne [pouvoir] .... pas venir, téléphonez-nous avant le 8 février.
b. Je [devoir] .... réviser si je [vouloir] .... réussir mon examen.
c. On [savoir] .... que tu [vouloir] .... partir vivre aux États-Unis mais avant tu [devoir] .... faire des progrès en anglais.
d. Si vous [vouloir] .... , on [pouvoir] .... vous proposer du travail. Vous [devoir] .... être disponible tous les jours de 14 h à 16 h.
e. Nous ne [pouvoir] .... pas venir chez vous car Pierre [devoir] .... travailler.
f. Nous ne [savoir] .... pas faire des crêpes. Est-ce que tu [pouvoir] .... nous aider ?

9 Entourez les verbes au présent.

[~~devoir - tu~~]   [savoir - je]
[devoir - ils]   [savoir - elles]
[pouvoir - je]   [vouloir - tu]
[pouvoir - elles]   [vouloir - ils]

D	U	D	O	I	P	S	U	P
O	P	E	U	X	A	U	P	E
I	U	S	A	V	E	N	T	U
V	E	U	L	E	N	T	U	V
E	R	P	A	U	A	P	V	E
N	U	S	A	I	S	S	E	N
T	P	E	S	P	U	P	U	T
S	D	O	I	S	V	S	X	A

Associez les lettres (sauf S, P, U et A) qui restent pour former un verbe à l'infinitif :

....

10 Conjuguez les verbes au présent.

Qu'est-ce que vous faites ce soir ?

On [devoir] **doit** passer chez les parents de Mathieu vers 18 h et après on ne [savoir] .... pas.

Vous [vouloir] .... aller au restaurant avec nous ?

☺ Oui, on [vouloir] .... bien.
Mais on [devoir] .... rentrer tôt.

Ok, pas de problème !

On [pouvoir] .... se retrouver vers 19 h ?

Plutôt 19 h 30 devant la gare. À ce soir ! ☺

11 Répondez aux questions (plusieurs possibilités).

a. — Est-ce que Marie peut conduire une moto ?
— Non, **Marie ne peut pas conduire de moto.**

b. — Margot et toi, vous voulez faire du ski ?
— Oui, ...

c. — Tu dois aller chercher les enfants à la garderie ?
— Oui, ...

d. — Est-ce que tu veux aller au théâtre samedi ?
— Oui, ...

e. — Est-ce que vous savez marcher sur les mains ?
— Non, ...

f. — Est-ce que tu peux jongler avec 4 balles ?
— Oui, ...

32 Le présent : les verbes en -ir

Il lui offre des fleurs. Nous partons bientôt.

Les verbes finir, choisir, réussir...

Les verbes *finir, choisir, réussir, obéir, réfléchir, remplir, vieillir, grossir* et *maigrir* se conjuguent pareil.
Base (finir → fin-ir → fin) **+ terminaisons** (-is, -is, -it, -issons, -issez, -issent).

Finir	Choisir	Réussir
fin-ir → fin	chois-ir → chois	réuss-ir → réuss
Je fin**is**	Je chois**is**	Je réuss**is**
Tu fin**is**	Tu chois**is**	Tu réuss**is**
Il / Elle / On fin**it**	Il / Elle / On chois**it**	Il / Elle / On réuss**it**
Nous fin**issons**	Nous chois**issons**	Nous réuss**issons**
Vous fin**issez**	Vous chois**issez**	Vous réuss**issez**
Ils / Elles fin**issent**	Ils / Elles chois**issent**	Ils / Elles réuss**issent**

Les verbes partir, sentir, sortir, dormir et servir

Je, tu, il / elle / on : partir → par-tir → **par** + terminaisons (-s, -s, -t).
Nous, vous, ils / elles : base (partir → part-ir → part) **+ terminaisons** (-ons, -ez, -ent).

Partir	Dormir	Servir
Je par**s**	Je dor**s**	Je ser**s**
Tu par**s**	Tu dor**s**	Tu ser**s**
Il / Elle / On par**t**	Il / Elle / On dor**t**	Il / Elle / On ser**t**
Nous part**ons**	Nous dorm**ons**	Nous serv**ons**
Vous part**ez**	Vous dorm**ez**	Vous serv**ez**
Ils / Elles part**ent**	Ils / Elles dorm**ent**	Ils / Elles serv**ent**

Les verbes venir, tenir, appartenir, devenir...

Les verbes *venir, tenir, devenir, se souvenir, revenir, tenir, appartenir...* se conjuguent de la même façon.

Venir	Tenir	Appartenir
Je v**iens**	Je t**iens**	J'appart**iens**
Tu v**iens**	Tu t**iens**	Tu appart**iens**
Il / Elle / On v**ient**	Il / Elle / On t**ient**	Il / Elle / On appart**ient**
Nous ven**ons**	Nous ten**ons**	Nous apparten**ons**
Vous ven**ez**	Vous ten**ez**	Vous apparten**ez**
Ils / Elles vien**nent**	Ils / Elles tien**nent**	Ils / Elles appartien**nent**

Les verbes offrir, ouvrir, découvrir...

Les verbes *offrir, ouvrir, découvrir* se conjuguent comme les verbes en *-er* (-e, -es, -e, -ons, -ez, -ent).

Offrir
J'offr**e**
Tu offr**es**
Il / Elle / On offr**e**
Nous offr**ons**
Vous offr**ez**
Ils / Elles offr**ent**

Ouvrir
J'ouvr**e**
Tu ouvr**es**
Il / Elle / On ouvr**e**
Nous ouvr**ons**
Vous ouvr**ez**
Ils / Elles ouvr**ent**

Découvrir
Je découvr**e**
Tu découvr**es**
Il / Elle / On découvr**e**
Nous découvr**ons**
Vous découvr**ez**
Ils / Elles découvr**ent**

Prononciation nous offrons, vous offrez, ils ouvrent, elles ouvrent

Exercices

 +3 exercices

1 Écoutez et cochez l'infinitif des verbes conjugués dans chaque phrase.

	a	b	c	d	e	f	g	h	i
venir	☐	☐	☐	☐	☐	☐	☐	☐	☐
finir	☑	☐	☐	☐	☐	☐	☐	☐	☐
partir	☐	☐	☐	☐	☐	☐	☐	☐	☐
offrir	☐	☐	☐	☐	☐	☐	☐	☐	☐
ouvrir	☐	☐	☐	☐	☐	☐	☐	☐	☐
réussir	☐	☐	☐	☐	☐	☐	☐	☐	☐
dormir	☐	☐	☐	☐	☐	☐	☐	☐	☐
réfléchir	☐	☐	☐	☐	☐	☐	☐	☐	☐
découvrir	☐	☐	☐	☐	☐	☐	☐	☐	☐

2 Associez.

a. Tu
b. Je
c. Vous
d. Nous
e. Ma sœur
f. Les étudiants

1. choisissent leurs options.
2. n'obéissons pas à nos parents.
3. ne réussis pas bien mes études.
4. finis tes devoirs.
5. réfléchissez à votre avenir.
6. remplit son verre de jus d'orange.

3 Soulignez la forme verbale qui convient.

a. Elles [ouvre / ouvres / <u>ouvrent</u>] le courrier qu'elles viennent de recevoir.
b. Vous [offres / offrons / offrez] quoi à Diego pour ses 40 ans ?
c. Si tu [ouvre / ouvres / ouvrent] la fenêtre, tu vas avoir froid.
d. Qu'est-ce que je vous [offre / offres / offrent] à boire ?
e. Nous [découvrons / découvrez / découvrent] toujours de nouveaux artistes dans les festivals.
f. En général, on [offre / offres / offrent] du muguet le 1er mai.
g. Je [découvre / découvres / découvrent] de nouveaux aliments à chacun de mes voyages.
h. Si tu m' [offre / offres / offrent] un bracelet, je serai heureuse.
i. Vous [ouvres / ouvrez / ouvrent] jusqu'à quelle heure le soir ?

4 Conjuguez les verbes au présent.

a. — Maël, réveille-toi !
— Non, je [dormir] **dors** !
b. — Hum, j'adore le parfum de ces roses !
— Oui, elles [sentir] .... bon.
c. — Qu'est-ce que vous faites ce soir ?
— On [sortir] .... prendre un verre.
d. — Tu peux me passer l'eau, s'il te plaît ?
— Attends, je te [servir] ....
e. — Nous ne serons pas là en juillet.
— Vous [partir] .... en vacances ?
f. — Nos parents sont toujours très dynamiques.
— Tu as raison, ils ne [vieillir] .... pas.
g. — Tom, tu peux choisir le bonbon que tu préfères.
— C'est toujours Tom qui [choisir] .... en premier.

5 Complétez le courriel avec les verbes au présent.

Salut Nolan,
Ça va ? Moi, super bien. Je [revenir] **reviens** du Japon où j'ai passé deux semaines extraordinaires.
Tu te [souvenir] .... de Satomi, mon amie japonaise ? Eh bien, elle et son mari
[venir] .... d'avoir un fils, un petit Kyohei.
Ils [tenir] .... un restaurant dans le centre de Kyoto et leur cuisine est
excellente. Et toi, dis-moi, qu'est-ce que tu [devenir] .... ? Tu sais que j'ai
toujours un livre qui t' [appartenir] .... ? Dis-moi où je peux te l'envoyer.
Et tu me [prévenir] .... aussi si tu fais un beau voyage, d'accord ?
Tchao, Brian

6 Répondez aux questions.

a. — Vous partez en vacances cet été ?
— Oui, nous **partons en vacances cet été.**

b. — Tu dors beaucoup en général ?
— Non, je ....

c. — Vous sortez tous les samedis soir ?
— Oui, nous ....

d. — Vous vous souvenez de notre dernière discussion ?
— Non, on ....

e. — Tu réussis à travailler avec tout ce bruit ?
— Non, je ....

f. — Tu tiens beaucoup à ce tableau ?
— Oui, je ....

g. — Vous finissez tard le soir ?
— Non, on ....

7 Écrivez les réponses au présent avec les mots proposés.

a. — Où est-ce que vous allez pendant vos vacances ? [nous – partir au bord de la mer]
— En août, **nous partons au bord de la mer.**

b. — Tu vas à l'hôtel ? [je – dormir dans un camping]
— Non, ...

c. — Est-ce que vous allez chez le marchand de glaces ? [il – ouvrir à 14 h]
— Oui, ...

d. — Est-ce qu'il y a beaucoup d'excursions sur d'autres îles ? [elles – finir à 16 h]
— Non, et en plus, ...

e. — Tu es bronzé ! Tu étais en vacances ? [je – revenir de Bretagne]
— Oui, ...

f. — Les restaurants proposent des spécialités ? [ils – servir des plats typiques]
— Oui, ...

8 Répondez aux questions avec un verbe proposé à conjuguer au présent.

[partir en voyage – offrir des fleurs – se souvenir – ~~ouvrir une porte~~ – dormir – grossir]

a. — Qu'est-ce qu'on fait avec une clé ? — **On ouvre une porte.**

b. — Qu'est-ce qu'un homme fait le jour de la Saint-Valentin ? — ....

c. — Qu'est-ce qui se passe quand une personne mange trop de gâteaux ? — ....

d. — Qu'est-ce que les enfants font à 23 h ? — ....

e. — Si les personnes n'oublient pas, qu'est-ce qu'elles font ? — ....

f. — Qu'est-ce qu'on fait pendant les vacances ? — ....

33 Le présent : les verbes en -re

J'attends une lettre. Tu vis où ?

Les verbes lire, dire et interdire

Lire
- Je lis
- Tu lis
- Il / Elle / On lit
- Nous lisons
- Vous lisez
- Ils / Elles lisent

Dire
- Je dis
- Tu dis
- Il / Elle / On dit
- Nous disons
- Vous dites
- Ils / Elles disent

Interdire
- J'interdis
- Tu interdis
- Il / Elle / On interdit
- Nous interdisons
- Vous interdisez
- Ils / Elles interdisent

Prononciation on interdit, nous interdisons, vous interdisez, ils interdisent, elles interdisent

Les verbes écrire, décrire, vivre et suivre

Écrire
- J'écris
- Tu écris
- Il / Elle / On écrit
- Nous écrivons
- Vous écrivez
- Ils / Elles écrivent

Vivre
- Je vis
- Tu vis
- Il / Elle / On vit
- Nous vivons
- Vous vivez
- Ils / Elles vivent

Suivre
- Je suis
- Tu suis
- Il / Elle / On suit
- Nous suivons
- Vous suivez
- Ils / Elles suivent

Prononciation on écrit, nous écrivons, vous écrivez, ils écrivent, elles écrivent

Les verbes prendre, apprendre et comprendre

Prendre
- Je prends
- Tu prends
- Il / Elle / On prend
- Nous prenons
- Vous prenez
- Ils / Elles prennent

Apprendre
- J'apprends
- Tu apprends
- Il / Elle / On apprend
- Nous apprenons
- Vous apprenez
- Ils / Elles apprennent

Comprendre
- Je comprends
- Tu comprends
- Il / Elle / On comprend
- Nous comprenons
- Vous comprenez
- Ils / Elles comprennent

Prononciation on apprend, nous apprenons, vous apprenez, ils apprennent, elles apprennent

Les verbes attendre, vendre, entendre, descendre, perdre et répondre

Attendre
J'atten**ds**
Tu atten**ds**
Il / Elle / On atten**d**
Nous atten**dons**
Vous atten**dez**
Ils / Elles atten**dent**

Perdre
Je per**ds**
Tu per**ds**
Il / Elle / On per**d**
Nous per**dons**
Vous per**dez**
Ils / Elles per**dent**

Répondre
Je répon**ds**
Tu répon**ds**
Il / Elle / On répon**d**
Nous répon**dons**
Vous répon**dez**
Ils / Elles répon**dent**

<u>Prononciation</u> on attend, nous attendons, vous attendez, ils attendent, elles attendent

Les verbes mettre, permettre et promettre

Mettre
Je m**ets**
Tu m**ets**
Il / Elle / On m**et**
Nous m**ettons**
Vous m**ettez**
Ils / Elles m**ettent**

Permettre
Je perm**ets**
Tu perm**ets**
Il / Elle / On perm**et**
Nous perm**ettons**
Vous perm**ettez**
Ils / Elles perm**ettent**

Promettre
Je prom**ets**
Tu prom**ets**
Il / Elle / On prom**et**
Nous prom**ettons**
Vous prom**ettez**
Ils / Elles prom**ettent**

Les verbes connaître et reconnaître

Connaître
Je connai**s**
Tu connai**s**
Il / Elle / On connaî**t**
Nous connai**ssons**
Vous connai**ssez**
Ils / Elles connai**ssent**

Reconnaître
Je reconnai**s**
Tu reconnai**s**
Il / Elle / On reconnaî**t**
Nous reconnai**ssons**
Vous reconnai**ssez**
Ils / Elles reconnai**ssent**

> On peut écrire *il connaît* ou *il connait*.

Exercices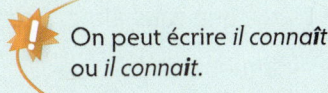

1 Écoutez et pour chaque infinitif notez le numéro de la phrase où il est conjugué.

a. ☐ lire
b. ☐ attendre
c. **1** dire
d. ☐ prendre
e. ☐ mettre
f. ☐ répondre
g. ☐ vivre
h. ☐ connaître

Le présent : les verbes en -re

2 Conjuguez les verbes au présent.

a. Tu [lire] **lis** un bon roman ?
b. Les enfants [écrire] .... à leurs amis.
c. Nous [vivre] .... à Grenoble.
d. Les étudiants ne [lire] .... pas le journal.
e. Vous [dire] .... la vérité ?
f. On [suivre] .... des cours de français.
g. J' [attendre] .... le train pour Paris.
h. Les enfants [prendre] .... du pain et de la confiture.
i. Vous aimez cette musique ? On n' [entendre] .... rien !
j. Où sont mes clés ? Je les [perdre] .... toujours !

3 Conjuguez les verbes au présent.

	nous	je	elles	vous	tu	on
connaître						connaît
mettre				mettez		
dire		dis				
répondre			répondent			
écrire					écris	
vendre	vendons					

4 Répondez à la forme négative avec les mots proposés.

a. — Luce a des problèmes à l'école ? [comprendre – les mathématiques]
— Oui, elle **ne comprend pas les mathématiques.**
b. — Est-ce que vous aimez lire ? [lire – souvent]
— Pas vraiment, nous ....
c. — Vous avez déjà goûté au camembert ? [connaître – le fromage français]
— Non, on ....
d. — On peut vous contacter pendant les vacances ? [répondre – aux courriels]
— Non, je ....
e. — Vous allez en bus au lycée ? [prendre – le bus]
— Non, en général, nous ....
f. — Est-ce qu'ils ont cours d'allemand ? [suivre – ce cours]
— Non, ils ....
g. — Ça fait longtemps que tu es là ? [attendre – depuis longtemps]
— Non, je ....

5 Répondez aux questions.

a. — Vous vivez dans le centre-ville de Lyon ?
— Non, nous **ne vivons pas dans le centre-ville de Lyon.**

b. — Tu reconnais la femme sur la photo ?
— Oui, je ....

c. — Vous permettez à vos enfants de sortir jusqu'à minuit ?
— Oui, on ....

d. — Tu perds toujours tes affaires ?
— Oui, je ....

e. — Vous suivez des cours de peinture ?
— Non, nous ....

f. — Vous attendez le dernier car pour Paris ?
— Oui, je ....

g. — Vous prenez un abonnement pour la salle de sport ?
— Oui, on ....

6 Écoutez et répondez. 121

a. — Oui, **je comprends la leçon.**
b. — Oui, ...
c. — Oui, ...
d. — Oui, ...
e. — Oui, ...
f. — Oui, ...

7 Répondez aux questions avec les verbes proposés à conjuguer au présent.

[prendre le taxi – écrire des courriels – attendre le train – ~~lire des bandes dessinées~~ – répondre au téléphone – prendre des livres]

a. — Qu'est-ce que tu fais à la bibliothèque ?
— **Je lis des bandes dessinées.** ....
....

b. — Qu'est-ce qu'une secrétaire fait au bureau ?
— ....
....

c. — Qu'est-ce qu'on fait à la gare ?
— ....
....

Le présent : les verbes en *-re*

34 Le présent : les verbes en -oir et -oire

Nous buvons un café. Tu vois Mathéo ?

Le verbe boire

Boire
Je b**ois**
Tu b**ois**
Il / Elle / On b**oit**
Nous b**uvons**
Vous b**uvez**
Ils / Elles b**oivent**

Les verbes devoir et recevoir

Devoir
Je d**ois**
Tu d**ois**
Il / Elle / On d**oit**
Nous dev**ons**
Vous dev**ez**
Ils / Elles d**oivent**

Recevoir
Je re**ç**o**is**
Tu re**ç**o**is**
Il / Elle / On re**ç**o**it**
Nous recev**ons**
Vous recev**ez**
Ils / Elles re**ç**o**ivent**

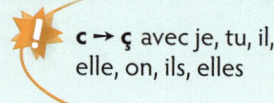
c → ç avec je, tu, il, elle, on, ils, elles

Les verbes croire, voir et prévoir

Croire
Je cr**ois**
Tu cr**ois**
Il / Elle / On cr**oit**
Nous cr**oyons**
Vous cr**oyez**
Ils / Elles cr**oient**

Voir
Je v**ois**
Tu v**ois**
Il / Elle / On v**oit**
Nous v**oyons**
Vous v**oyez**
Ils / Elles v**oient**

Prévoir
Je prév**ois**
Tu prév**ois**
Il / Elle / On prév**oit**
Nous prév**oyons**
Vous prév**oyez**
Ils / Elles prév**oient**

Le verbe falloir

Falloir
Il **faut**

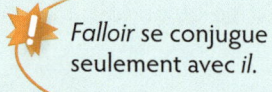
Falloir se conjugue seulement avec *il*.

Exercices

 +3 exercices

1 Associez.

a. Je
b. Il
c. Mes parents
d. On
e. Tu
f. Nous

1. reçoivent leurs amis ce soir.
2. ne boit jamais d'eau gazeuse.
3. dois téléphoner à ma sœur.
4. ne me vois pas ?
5. ne faut pas se garer ici !
6. prévoyons une grande fête pour notre mariage.

2 Complétez le tableau avec les verbes au présent.

	elle	ils	je	vous	nous	tu
croire		croient				
prévoir	prévoit					
boire			bois			
devoir				devez		
recevoir					recevons	
voir						vois

3 Conjuguez les verbes au présent.

a. Qu'est-ce que vous [boire] **buvez** ?
b. Si tu as un problème, il [falloir] .... me le dire.
c. Maria [devoir] .... nous donner des nouvelles cette semaine.
d. Est-ce que vous [croire] .... aux fantômes ?
e. Nous ne te [voir] .... pas. Où es-tu ?
f. On [recevoir] .... mes parents ce week-end.
g. Ma meilleure amie ne [boire] .... jamais de jus de fruits.

4 Répondez aux questions.

a. — Est-ce que vous devez travailler ?
— Non, nous **ne devons pas travailler.**

b. — Les enfants reçoivent beaucoup de cartes en été, et vous ?
— Oui, nous ....

c. — Vous voyez bien sans lunettes ?
— Non, nous ....

d. — Tu prévois de sortir tard ce soir ?
— Oui, je ....

Le présent : les verbes en *-oir* et *-oire* 111

35 Le futur proche et le passé récent

Je vais aller au cinéma. Nous venons d'arriver.

Le futur proche

On utilise le futur proche pour parler d'une action qui va se passer dans un avenir proche du présent. On l'utilise souvent à l'oral.

Qu'est-ce que vous **allez faire** le week-end prochain ?
Tu **vas regarder** le match ?

• La conjugaison

Aller	+ verbe à l'infinitif
Je **vais**	
Tu **vas**	
Il / Elle / On **va**	+ partir, manger, prendre, voyager, aller…
Nous all**ons**	
Vous all**ez**	
Ils / Elles **vont**	

Je **vais aller** au cinéma.
Il **va se promener** avec son chien.
Nous **allons nous reposer**.
Vous **allez travailler** à la bibliothèque ?
Elles **vont danser** avec leurs amis.
Où est-ce que tu **vas passer** tes prochaines vacances ?

• À la forme négative, on utilise **ne** avant le verbe *aller* et **pas**, **plus**… après le verbe *aller*.
On va sortir. → On **ne** va **pas** sortir.
Ils vont dîner au restaurant. → Ils **ne vont plus dîner** au restaurant.

Le passé récent

On utilise le passé récent pour parler d'une action qui s'est terminée il y a très peu de temps.
Est-ce que vous **venez d'acheter** votre maison ?
Nous **venons d'arriver**.

• La conjugaison

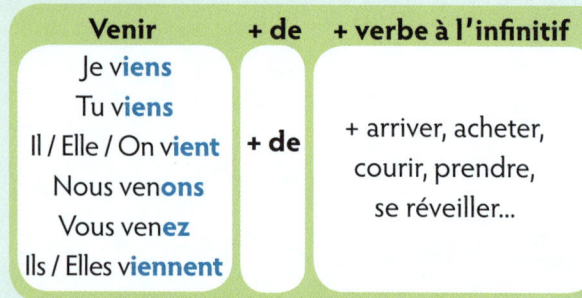

Je **viens de rater** le dernier train pour Paris.
On **vient de se disputer**.
Nous **venons de nous lever**.
Vous **venez de prendre** le courrier.
Ils **viennent d'avoir** leur diplôme.

• À la forme négative, on utilise **ne** avant le verbe *venir* et **pas** après le verbe *venir*.
Je viens d'aller chez le coiffeur. → Je **ne viens pas** d'aller chez le coiffeur.

Prononciation À l'oral, on supprime souvent le *-e* de *de* : Je viens **de** partir. → Je viens **d'** partir.

Exercices

 +3 exercices

1 Conjuguez les verbes au futur proche.

a. À plus tard, je [chercher] **vais chercher** le pain !
b. Dépêchez-vous, le train [partir] .... !
c. Qu'est-ce que tu [faire] .... pendant les vacances ?
d. Nous [regarder] .... le match de foot ce soir.
e. Je suis sûre que vous [passer] .... une bonne soirée.
f. Les voisins [vendre] .... leur maison ?

2 Complétez avec le passé récent.

a. — Léo et Anna n'ont plus d'argent ?
— Non, ils [faire] **viennent de faire** le tour du monde !
b. — Alors, ça y est, tu es grand-mère ?
— Oui, Léanne [avoir] .... une petite fille.
c. — Nous vous attendons pour le dîner ?
— Non, nous [partir] .... !
d. — Papa est là ? Je peux lui parler ?
— Non, il [sortir] .... !
e. — Tu as vu Soan ?
— Oui, je [prendre] .... un verre avec lui.
f. — Zohra va bien ? Elle ne répond pas quand je lui téléphone.
— Oui, elle [quitter] .... l'hôpital.

3 Rédigez des phrases en utilisant le passé récent et le futur proche.

a. [Ma femme – trouver un poste – travailler à l'hôpital de Marseille]
Ma femme vient de trouver un poste, elle va travailler à l'hôpital de Marseille.
b. [Je – passer une année fatigante – se reposer un peu]
....
c. [Nous – apprendre une bonne nouvelle – avoir un quatrième enfant]
....
....
d. [Mes parents – prendre leur retraite – venir avec nous dans le Sud]
....
....
e. [Notre fils aîné Thibaud – avoir son bac – étudier à l'université de la Méditerranée]
....
....

36 Le futur simple

Je commencerai un livre lundi. Je le finirai vendredi.

La conjugaison

On utilise le futur simple pour indiquer :
- des projets : Dans dix ans, je **vivrai** au Maroc.
- des prévisions : Il **partira** bientôt.
- une programmation : Le festival **commencera** le samedi 8 avril.

Infinitif + terminaisons (-ai, -as, -a, -ons, -ez, -ont)

Regarder	Étudier	Finir
Je regarder**ai**	J'étudier**ai**	Je finir**ai**
Tu regarder**as**	Tu étudier**as**	Tu finir**as**
Il / Elle / On regarder**a**	Il / Elle / On étudier**a**	Il / Elle / On finir**a**
Nous regarder**ons**	Nous étudier**ons**	Nous finir**ons**
Vous regarder**ez**	Vous étudier**ez**	Vous finir**ez**
Ils / Elles regarder**ont**	Ils / Elles étudier**ont**	Ils / Elles finir**ont**

Quelques verbes particuliers

- Les verbes en *-re* (*prendre, vendre, conduire…*) perdent le *-e* final.

Prendre	Vendre	Entendre
prendre → prendr	vendre → vendr	entendre → entendr
Je prendr**ai**	Je vendr**ai**	J'entendr**ai**
Tu prendr**as**	Tu vendr**as**	Tu entendr**as**
Il / Elle / On prendr**a**	Il / Elle / On vendr**a**	Il / Elle / On entendr**a**
Nous prendr**ons**	Nous vendr**ons**	Nous entendr**ons**
Vous prendr**ez**	Vous vendr**ez**	Vous entendr**ez**
Ils / Elles prendr**ont**	Ils / Elles vendr**ont**	Ils / Elles entendr**ont**

- Les verbes en *-ayer* ont deux orthographes possibles.

Payer		Essayer	
Je pa**y**er**ai**	Je pa**i**er**ai**	J'essa**y**er**ai**	J'essa**i**er**ai**
Tu pa**y**er**as**	Tu pa**i**er**as**	Tu essa**y**er**as**	Tu essa**i**er**as**
Il / Elle / On pa**y**er**a**	Il / Elle / On pa**i**er**a**	Il / Elle / On essa**y**er**a**	Il / Elle / On essa**i**er**a**
Nous pa**y**er**ons**	Nous pa**i**er**ons**	Nous essa**y**er**ons**	Nous essa**i**er**ons**
Vous pa**y**er**ez**	Vous pa**i**er**ez**	Vous essa**y**er**ez**	Vous essa**i**er**ez**
Ils / Elles pa**y**er**ont**	Ils / Elles pa**i**er**ont**	Ils / Elles essa**y**er**ont**	Ils / Elles essa**i**er**ont**

- Les verbes en *-oyer* ou *-uyer* : le *y* se transforme en *i*.

Nettoyer	Essuyer
Je nettoier**ai**	J'essuier**ai**
Tu nettoier**as**	Tu essuier**as**
Il / Elle / On nettoier**a**	Il / Elle / On essuier**a**
Nous nettoier**ons**	Nous essuier**ons**
Vous nettoier**ez**	Vous essuier**ez**
Ils / Elles nettoier**ont**	Ils / Elles essuier**ont**

- Les verbes en *-er* comme *acheter, peser, lever, geler…* : e → è

Acheter	Peser	Se lever
J'achèter**ai**	Je pèser**ai**	Je me lèver**ai**
Tu achèter**as**	Tu pèser**as**	Tu te lèver**as**
Il / Elle / On achèter**a**	Il / Elle / On pèser**a**	Il / Elle / On se lèver**a**
Nous achèter**ons**	Nous pèser**ons**	Nous nous lèver**ons**
Vous achèter**ez**	Vous pèser**ez**	Vous vous lèver**ez**
Ils / Elles achèter**ont**	Ils / Elles pèser**ont**	Ils / Elles se lèver**ont**

- Les principaux verbes irréguliers

Avoir	Être	Aller
J'aur**ai**	Je ser**ai**	J'ir**ai**
Tu aur**as**	Tu ser**as**	Tu ir**as**
Il / Elle / On aur**a**	Il / Elle / On ser**a**	Il / Elle / On ir**a**
Nous aur**ons**	Nous ser**ons**	Nous ir**ons**
Vous aur**ez**	Vous ser**ez**	Vous ir**ez**
Ils / Elles aur**ont**	Ils / Elles ser**ont**	Ils / Elles ir**ont**

Savoir	Faire	Venir
Je saur**ai**	Je fer**ai**	Je viendr**ai**
Tu saur**as**	Tu fer**as**	Tu viendr**as**
Il / Elle / On saur**a**	Il / Elle / On fer**a**	Il / Elle / On viendr**a**
Nous saur**ons**	Nous fer**ons**	Nous viendr**ons**
Vous saur**ez**	Vous fer**ez**	Vous viendr**ez**
Ils / Elles saur**ont**	Ils / Elles fer**ont**	Ils / Elles viendr**ont**

Voir	Pouvoir	Vouloir
Je verrai	Je pourrai	Je voudrai
Tu verras	Tu pourras	Tu voudras
Il / Elle / On verra	Il / Elle / On pourra	Il / Elle / On voudra
Nous verrons	Nous pourrons	Nous voudrons
Vous verrez	Vous pourrez	Vous voudrez
Ils / Elles verront	Ils / Elles pourront	Ils / Elles voudront

Recevoir	Pleuvoir	Falloir
Je recevrai		
Tu recevras		
Il / Elle / On recevra	Il pleuvra	Il faudra
Nous recevrons		
Vous recevrez		
Ils / Elles recevront		

Exercices

 +3 exercices

1 Conjuguez les verbes au futur simple.

a. L'hôtesse de l'air [peser] **pèsera** les bagages.

b. Tu [payer] ………………………………………… l'addition ?

c. Il [geler] ………………………………………… dans le Nord de la France demain matin.

d. J' [essayer] ………………………………………… de venir te voir.

e. On [comprendre] ………………………………………… mieux si tu nous expliques.

f. Ils [essuyer] ………………………………………… la vaisselle.

g. Barry [nettoyer] ………………………………………… toute la maison avant de partir.

2 Complétez le tableau avec les verbes au futur simple.

	je	nous	elles
être	serai		
avoir			auront
prendre		prendrons	
pouvoir	pourrai		
aller	irai		
venir		viendrons	
vouloir			voudront
écrire		écrirons	

3 Complétez la grille en conjuguant les verbes au futur simple.

a. [~~venir – je~~]
b. [faire – tu]
c. [aller – tu]
d. [pouvoir – vous]

1. [vouloir – tu]
2. [voir – tu]
3. [avoir – on]
4. [savoir – elle]
5. [être – vous]

a ➤ V I E N D R A I

Remettez dans l'ordre les lettres des cases orange pour écrire un verbe conjugué au futur simple :

tu ....

4 Dites quel temps il fera en France en utilisant les mots proposés.

[~~faire beau~~ – briller – souffler – pleuvoir – avoir de l'orage / des nuages – faire 20 degrés]

Il fera beau dans le Sud de la France. ....

....

....

....

....

....

5 Conjuguez les verbes au futur simple.

Un week-end en Laponie !

*« Je n' [oublier] **oublierai** jamais ces deux jours ! »*

SAMEDI

Votre guide [venir] .... vous chercher à votre hôtel et vous [accompagner] .... sur le site. Vous [conduire] .... votre traîneau à rennes sur un circuit au cœur de la nature lapone. Vous [pouvoir] .... apprécier le calme et la tranquillité de cette balade. Puis, tous les participants [préparer] .... un bon repas local avec l'aide du guide. Vous [passer] .... la nuit dans un igloo.

DIMANCHE

Vous [se lever] .... dans un décor inoubliable. Tous les voyageurs [avoir] .... la possibilité de faire une balade en scooter des neiges où ils [voir] .... des paysages magnifiques. À la tombée de la nuit, les étoiles et la Lune vous [guider] .... et vous [profiter] .... de la nature finlandaise.

Le futur simple

37 Le passé composé avec avoir

J'ai fini mes devoirs. Elle a téléphoné.

La conjugaison

Avoir	+ participe passé
J'**ai**	
Tu **as**	
Il / Elle / On **a**	+ **parlé, acheté,**
Nous **avons**	**pris, vu**…
Vous **avez**	
Ils / Elles **ont**	

On utilise le passé composé pour une action passée et terminée qui a une durée limitée dans le passé.
J'**ai téléphoné** à Claire **lundi dernier**.
Il **a parlé** au facteur **hier**.

Les participes passés

- **en -é**

Les verbes en *-er* :

accepter → **accepté**　　　　　　rencontrer → **rencontré**
Il **a accepté** notre offre.　　　　On **a rencontré** le directeur.

- **en -i**

Les verbes en *-ir* comme *finir, choisir, réussir, applaudir, grandir, grossir, maigrir, réfléchir, vieillir* :

finir → **fini**　　　　　　　　　choisir → **choisi**
Vous **avez fini** votre travail ?　　Il **a choisi** le voyage le plus cher.

- **en -is**

mettre → **mis**　　　　　　　　prendre → **pris**
J'**ai mis** de l'argent sur la table.　Elle **a pris** le train à 8 h.

- **en -it**

dire → **dit**　　　　　　　　　écrire → **écrit**
Qu'est-ce qu'il **a dit** ?　　　　　J'**ai écrit** à mes amis.

- **en -u**

- Les verbes en *-ir* comme *tenir* et *obtenir* :

tenir → **tenu**　　　　　　　　obtenir → **obtenu**
Il **a tenu** ma main à l'hôpital.　　Il **a obtenu** son diplôme l'année dernière.

- Les verbes en *-oir* et *-evoir* comme *voir, vouloir, devoir* et *recevoir* :

voir → **vu**　　　　　　　　　devoir → **dû**
Vous **avez vu** Mme Sanchez ?　　On **a dû** payer 100 euros.

vouloir → **voulu**　　　　　　　recevoir → **reçu**
Il **a voulu** venir avec moi.　　　Nous **avons reçu** votre message.

- Les verbes en *-aître* comme *connaître* et *reconnaître* :

connaître → **connu** reconnaître → **reconnu**
J'**ai connu** votre grand-père. Elle n'**a** pas **reconnu** mon frère.

- Les verbes en *-dre* comme *vendre*, *perdre* et *répondre* :

vendre → **vendu** perdre → **perdu**
On **a vendu** la maison. J'**ai perdu** mon passeport.

- Les verbes en *-ire* et *-oire* comme *lire*, *élire*, *boire* et *croire* :

lire → **lu** boire → **bu**
Tu **as lu** le journal ce matin ? On **a bu** un thé au citron.

• **participes passés irréguliers**

avoir → **eu**
On **a eu** du soleil.

Prononciation *eu* se prononce [y].

être → **été** ouvrir → **ouvert**
Elle **a été** malade. J'**ai ouvert** la fenêtre.

faire → **fait** offrir → **offert**
Ils **ont fait** un gâteau. Il m'**a offert** des fleurs.

La négation

À la forme négative, on place **ne** avant *avoir* et **pas, jamais...** après.
J'**ai payé**. → Je **n'ai pas payé**.
Ils **ont dormi** à l'hôtel. → Ils **n'ont jamais dormi** à l'hôtel.

Exercices

1 Complétez les tableaux.

infinitif	participe passé
rencontrer	**rencontré**
réussir	....
avoir	....
être	....
faire	....
devoir	....
....	voulu
....	su

infinitif	participe passé
....	vu
....	perdu
répondre	....
vendre	....
dire	....
....	écrit
....	compris
....	ouvert

2 Complétez la grille avec les participes passés des verbes proposés.

a. [faire]
b. [choisir]
c. [refuser]
d. [voir]
e. [réfléchir]
f. [devoir]
g. [obtenir]
h. [recevoir]
i. [découvrir]

1. [~~fermer~~]
2. [vouloir]
3. [connaître]
4. [finir]
5. [dire]
6. [offrir]
7. [tenir]
8. [vendre]
9. [perdre]

Associez les lettres des cases orange pour former un autre participe passé :
....

3 Conjuguez les verbes au passé composé.

a. On [trouver] **a trouvé** un téléphone dans la rue.
b. Je [être] .... très heureuse de vous voir aujourd'hui.
c. On [avoir] .... du beau temps toute la semaine.
d. Vous [faire] .... bon voyage ?
e. Tu [voir] .... quel film ?
f. Je [rencontrer] .... Hiromi en 2010, à Québec.
g. Ils [vendre] .... leur appartement l'année dernière.
h. Vous [réfléchir] .... à notre proposition ?
i. Tu [apprendre] .... ta leçon ?

4 Écrivez les phrases en remettant les mots dans l'ordre.

a. [ont / Les enfants / adoré / les animaux] **Les enfants ont adoré les animaux.**
b. [son sac / oublié / Une cliente / a] ....
c. [malades / pendant les vacances / été / Nous / avons] ....
....
d. [Nous / déjeuné / chez nos voisins / avons] ....
e. [Combien / payé / pour les billets / as / tu / ?] ....
f. [Amélie / vérifié / n' / les réponses / pas / a] ....
g. [leur examen / n' / Deux étudiants / ont / réussi / pas] ....
....
h. [n' / ont / Ils / pas / venir / voulu / à la fête] ....

Les temps

5 Transformez les phrases à la forme négative.

a. Il a compris. → **Il n'a pas compris.**

b. On a gagné ! → ....

c. Tu as fini ? → ....

d. Elle a dit bonjour. → ....

e. Vous avez lu sa lettre ? → ....

f. Ils ont voulu venir. → ....

g. J'ai vu Lola ce matin ! → ....

h. Il a fait la vaisselle. → ....

i. Il a accepté ma proposition. → ....

6 Conjuguez les verbes au passé composé.

— Marion, c'est moi, Thomas !

— Oh, excuse-moi. Oh là là, [tu – changer] **tu as changé**.

— Bah, oui, [je – vieillir] .... et [je – grossir] .... un peu aussi. Toi, [tu – ne pas changer] ....

— Qu'est-ce que [tu – faire] .... depuis dix ans ?

— Oh, plein de choses. [Je – travailler] .... dans six ou sept pays différents, [je – avoir] .... des enfants, [je – acheter] .... une maison. Mais, il y a deux ans, [je – avoir] .... de gros problèmes, [je – perdre] .... mon travail. [Cela – être] .... très difficile, surtout quand [ma femme – me – quitter] .... Et toi ?

— Bah, moi, pareil. Bon, tu m'excuses, mais là je suis pressée. On s'appelle ? En tout cas, [cela – me – faire] .... plaisir de te voir.

7 Écoutez et répondez au passé composé avec les mots proposés. 🎧 133

a. [téléphoner à M. Dubois – lundi]

— **Oui, j'ai téléphoné à M. Dubois lundi.**

b. [visiter Paris – l'année dernière]

....

c. [dîner au restaurant – samedi soir]

....

d. [recevoir un message de Jane – hier soir]

....

e. [voir le film à la télé – le mois dernier]

....

f. [envoyer un message à Clara – ce matin]

....

38 Le passé composé avec être

Ils sont partis. On s'est perdus.

La conjugaison

Être	+ participe passé
Je **suis**	**parti(e)**
Tu **es**	**parti(e)**
Il **est**	**parti**
Elle **est**	**partie**
On **est**	**parti(e)s**
Nous **sommes**	**parti(e)s**
Vous **êtes**	**parti(e)(s)**
Ils **sont**	**partis**
Elles **sont**	**parties**

On utilise le passé composé pour une action passée et terminée qui a une durée limitée dans le passé.
Elles **sont arrivées** hier.
On **est allés** au musée, **l'été dernier**.

Prononciation je suis arrivé, on est allés, il est entré, nous sommes entrés, vous êtes arrivée, ils sont allés

Les verbes avec être

● les verbes *aller, venir, retourner, arriver, partir, passer, rester, entrer, sortir, descendre, monter, tomber, naître, mourir, décéder, apparaître* et leurs dérivés (*devenir, revenir…*).
Monsieur Banou **est resté** au Japon.   Elle **est revenue** de Guyane samedi.

● les verbes pronominaux : *se réveiller, se lever, s'amuser, s'assoir, se coucher, s'ennuyer, s'habiller, se maquiller, se perdre, se rencontrer, se fâcher*, etc.
Je **me suis couché** vers minuit.   Nous **nous sommes rencontrés** par hasard.

Les participes passés

● **en -é** :
Les verbes en -*er* :
aller → **allé**   monter → **monté**
retourner → **retourné**   s'amuser → **amusé**

● **en -i ou -is** :
sortir → **sorti**   s'assoir → **assis**
partir → **parti**

● **en -u** :
venir → **venu**   se perdre → **perdu**
descendre → **descendu**   apparaître → **apparu**

● naître → **né**

● mourir → **mort**

L'accord du participe passé

● Avec l'auxiliaire *être*, le participe passé s'accorde en genre (masculin, féminin) et en nombre (singulier, pluriel) avec son sujet.

Je **suis arrivé**. (Je = un homme)
Je **suis arrivée**. (Je = une femme)
Toi, Marin, tu **es arrivé**.
Toi, Marie, tu **es arrivée**.
Le train **est arrivé**.

Madame Bouju **est arrivée**.
Luc et moi **sommes arrivés**. (deux hommes ou homme + femme)
Ambre et moi **sommes arrivées**. (deux femmes)
Les Inuites **sont arrivés**. (plusieurs hommes ou homme(s) + femme(s))
Les filles **sont arrivées**. (plusieurs femmes)

● Avec *on*, le participe passé s'accorde au pluriel (***on*** = ***nous***).
Laurie et moi, on **est allé**es chez Chloé. = Laurie et moi, nous **sommes allé**es chez Chloé.
On **est resté**s à la soirée. = Nous **sommes resté**s à la soirée.

● Avec *vous*, le participe passé s'accorde :
- au singulier (masculin ou féminin) quand on parle à un directeur, un médecin, une vendeuse…
Monsieur, vous **êtes allé** en Chine ?
Madame, vous **êtes revenu**e quand du Portugal ?

- au pluriel (masculin ou féminin) quand on parle à plusieurs personnes.
Vous vous **êtes réveillé**s en retard ?
Vous **êtes entré**es dans le magasin ?

La négation

À la forme négative, on place **ne** avant *être* et **pas, jamais…** après.
Elle **est allée** à Oslo. → Elle **n'est jamais allée** à Oslo.
On **s'est ennuyés** samedi. → On **ne s'est pas ennuyés** samedi.

Exercices

1 Classez les verbes selon leur construction au passé composé avec *avoir* ou *être*.
[~~adorer~~ – comprendre – ~~se lever~~ – rester – savoir – commencer – tomber – vouloir – sortir – aimer – aller – arriver – dire – essayer – s'habiller – repartir – pouvoir – retourner – se réveiller – revenir – oublier – marcher – être – se fâcher – faire]

a. avec *avoir* : **adorer,** ....
....
....

b. avec *être* : **se lever,** ....
....
....

2 Complétez le tableau.

infinitif	participe passé
arriver	**arrivé**
aller	....
sortir	....
venir	....
....	descendu
....	apparu
....	né
....	mort

3 Complétez les phrases avec l'auxiliaire *être*.

a. Il **est** monté sur le toit.
b. Vous vous .... assis sur la table ?
c. Arthur .... tombé de l'escalier.
d. Je .... sortie vers 8 h.
e. Le médecin .... arrivé rapidement.
f. Ils .... rentrés chez eux.
g. Tu .... passée chez Perrine ?
h. Nous nous .... ennuyés.
i. Ana et Axel se .... mariés en 2017.
j. On .... restés à la maison.

4 Soulignez la proposition qui convient.

a. Elle est [arrivé / <u>arrivée</u> / arrivés / arrivées] lundi matin.
b. M. et Mme Hoï se sont [marié / mariée / mariés / mariées] en 1977.
c. Un bel oiseau s'est [posé / posée / posés / posées] dans le jardin.
d. Ma sœur est [retourné / retournée / retournés / retournées] au Japon l'année dernière.
e. Elle n'a pas [fini / finie / finis / finies] ses exercices.
f. Tes deux amies sont [parti / partie / partis / parties] t'attendre à l'entrée.

5 Complétez les phrases avec les auxiliaires *avoir* ou *être*.

a. Il **est** sorti à 8 h.
b. Le téléphone .... sonné.
c. Vous .... partis quand ?
d. Je .... invité Valérie.
e. Vous .... venu seul ?
f. Ils .... entrés par la fenêtre.

6 Retrouvez 13 participes passés (certains éléments peuvent servir plusieurs fois).

App	Con	du	**Obte**	Par	ris	tré
aru	Déc	ert	Off	Per	Sor	Ve
cen	Des	**nu**	ouv	Ren	ti	Ven

1. **Obte + nu = obtenu**
2. ....
3. ....
4. ....
5. ....
6. ....
7. ....
8. ....
9. ....
10. ....
11. ....
12. ....
13. ....

7 Écrivez les phrases en remettant les mots dans l'ordre.

a. [revenus / est / On / lundi matin] **On est revenus lundi matin.**
b. [ne / sommes / Nous / allés / à Bali / jamais] ....
c. [beaucoup amusés / Les enfants / sont / se] ....
d. [Marcus / à la main gauche / s' / blessé / est] ....
e. [t' / pas / Tu / présenté / ne / es] ....
f. [Chloé et Ruben / en Corée / sont / rencontrés / se] ....
g. [On / très longtemps / est / restés / pas / n'] ....

8 Écrivez les phrases à la forme négative.

a. Alicia est restée à Paris ? → **Alicia n'est pas restée à Paris ?**
b. On s'est levés tard. → ....
c. Pourquoi tu es passée par Lyon ? → ....
d. Ses parents se sont fâchés. → ....
e. Le train est arrivé à l'heure. → ....
f. Vous vous êtes ennuyés ? → ....
g. Le chat est descendu de l'arbre. → ....
h. Tu t'es levé à 4 h 30 ? → ....

9 Écoutez et répondez au passé composé. 🔊 139

a. [à 14 h] — Non, **les clients sont partis à 14 h.**
b. [hier soir] — Non, ...
c. [mardi matin] — Non, ...
d. [ce matin] — Non, ...
e. [le week-end dernier] — Non, ...
f. [à 9 h] — Non, ...

10 Conjuguez les verbes au passé composé.

Adrien [naître] **est né** en 1970, à Genève. À 10 ans, il [escalader] .... le Mont-Blanc avec son père et à 25 ans, il [devenir] .... guide. En juin 2019, il [aller] .... dans l'Himalaya pour escalader le Cholatse. Il [commencer] .... son escalade le 21 juin. Il [partir] .... avec 5 personnes. Tout [se passer] .... correctement les cinq premiers jours. Le 27, Adrien [tomber] .... quand il [arriver] .... à 4 600 mètres. Heureusement, il [ne pas mourir] ...., mais il [se blesser] .... grièvement. Il [ne pas pouvoir] .... continuer son escalade et il [rentrer] .... en Suisse. Un jour, il va retourner dans l'Himalaya.

Le passé composé avec être **125**

39 L'imparfait

Ils jouaient souvent au tennis. Il faisait chaud.

La conjugaison

L'imparfait est un temps du passé qu'on utilise pour faire **une description** (temps, vêtements…) et pour parler d'**une habitude dans le passé**.

Marina **portait** une belle robe bleue.   Les enfants **jouaient** souvent au tennis.
Il **faisait** chaud !   Nous **cuisinions** tous les dimanches ensemble.

- **Base** (faire → nous fais-ons → fais) **+ terminaisons** (-ais, -ais, -ait, -ions, -iez, -aient)

Avoir	Faire	Apprécier
nous av-ons → av	nous fais-ons → fais	nous appréci-ons → appréci
J'av**ais**	Je fais**ais**	J'appréci**ais**
Tu av**ais**	Tu fais**ais**	Tu appréci**ais**
Il / Elle / On av**ait**	Il / Elle / On fais**ait**	Il / Elle / On appréci**ait**
Nous av**ions**	Nous fais**ions**	Nous appréci**ions**
Vous av**iez**	Vous fais**iez**	Vous appréci**iez**
Ils / Elles av**aient**	Ils / Elles fais**aient**	Ils / Elles appréci**aient**

Prononciation on appréciait, nous appréciions, vous appréciiez, ils appréciaient, elles appréciaient

- Verbes particuliers : *être*, **les verbes en *-ger*, les verbes en *-cer***

Être	Manger	Commencer
J'ét**ais**	Je mang**eais**	Je commen**çais**
Tu ét**ais**	Tu mang**eais**	Tu commen**çais**
Il / Elle / On ét**ait**	Il / Elle / On mang**eait**	Il / Elle / On commen**çait**
Nous ét**ions**	Nous mang**ions**	Nous commen**cions**
Vous ét**iez**	Vous mang**iez**	Vous commen**ciez**
Ils / Elles ét**aient**	Ils / Elles mang**eaient**	Ils / Elles commen**çaient**

Exercices

1 Associez.

a. On   1. écoutions les Beatles.
b. Nous   2. avait beaucoup d'amis.
c. Nos voisins   3. partaient en Italie tous les étés.
d. Tu   4. écrivais souvent à mes parents.
e. J'   5. étiez tristes de partir ?
f. Vous   6. voulais te marier avec Andréa !

2 Transformez les phrases à l'imparfait.

a. Ils dorment tard. → Ils **dormaient tard.**

b. Je bois du thé. → Je ....

c. On prend un bain le dimanche. → On ....

d. Tu te promènes beaucoup. → Tu ....

e. Elle lit bien. → Elle ....

f. Nous commençons la journée à 8 h. → Nous ....

g. Vous étudiez chez vous. → Vous ....

h. Nous faisons beaucoup de bruit. → Nous ....

3 Conjuguez les verbes à l'imparfait.

a. Petite, j' [avoir] **avais** les cheveux longs.

b. Ma sœur et moi [aller] .... à l'école en bus.

c. Tu [boire] .... beaucoup de lait ?

d. On ne [porter] .... pas d'uniforme à l'école.

e. Est-ce que vous [lire] .... des romans au lycée ?

4 Entourez les verbes à l'imparfait.

[~~boire~~ – jouer – manger – étudier – voir – tenir – prendre – être – avoir]

Associez les lettres qui restent pour former un autre verbe conjugué à l'imparfait.

J' ....

L	V	B	M	L	A	É
J	O	U	A	I	T	T
A	Y	V	N	É	E	U
V	A	A	G	T	N	D
I	I	I	E	I	I	I
E	E	S	A	O	O	I
Z	N	S	I	N	N	E
A	T	I	T	S	S	Z
P	R	E	N	A	I	T

5 Conjuguez les verbes à l'imparfait.

— Dis, mamie, comment j' [être] **étais**, petite ?

— Oh, Louisa, tu [être] .... très belle et tu [rire] .... tout le temps. Tu [adorer] .... quand je te [lire] .... des histoires. Tu me [demander] .... de jouer tous les personnages. Ça t' [amuser] .... beaucoup !

— Et papi aussi, il me [raconter] .... des histoires ?

— Non, lui, il t' [emmener] .... au parc. Vous [manger] .... toujours une glace au chocolat et vous [donner] .... du pain aux canards.

— Je m'en souviens ! On [faire] .... du manège aussi. C' [être] .... super !

L'imparfait **127**

40 L'imparfait et le passé composé

Je prenais ma douche. J'ai entendu un bruit.

Le récit à l'imparfait et au passé composé

Dans un récit, on utilise à la fois le passé composé et l'imparfait selon les actions ou les situations décrites.

● On utilise **l'imparfait** pour :

> décrire le contexte d'une histoire au passé :
- le temps : Il **pleuvait**. / Il **faisait** froid.
- les personnes : J'**avais** 18 ans. / Elle **portait** des lunettes.
- les lieux : Nous **étions** près de Strasbourg. / J'**habitais** à Nantes.
- les sentiments : J'**étais** malheureux. / Ils **avaient** peur.
- un état : Il **était** un peu malade. / J'**avais** soif.

> présenter une action qui n'est pas terminée dans le passé.
Je **prenais** ma douche.   Il y **avait** un problème.
Il **dessinait** une maison.   Je **faisais** du vélo.

● On utilise **le passé composé** pour présenter une action ponctuelle terminée dans le passé. Elle est parfois indiquée par un adverbe de temps (*alors, puis, ensuite, après, soudain, tout à coup…*).
Hier, il **a plu**.   J'**ai pris** mon vélo.
Tout à coup, le téléphone **a sonné**.   Je **suis parti** au bureau.

● Exemples de récit :
Il **pleuvait** et j'**étais** un peu malade. Le téléphone **a sonné**. Il y **avait** un problème. J'**ai pris** mon vélo et je **suis parti** au bureau.

Quand j'**avais** 10 ans, j'**allais** à la pêche avec mon père. Un jour, je **suis tombée** dans la rivière. Mon père **a eu** peur.

Exercices

1 Conjuguez les verbes au passé composé ou à l'imparfait.

a. J'[avoir] **avais** soif, j'[boire] **ai bu** un litre d'eau.
b. Il [porter] .... un costume gris quand on [se rencontrer] ....
c. Quand elle [voir] .... le directeur, elle [partir] .... se cacher.
d. Ingrid [avoir] .... 19 ans quand elle [avoir] .... son premier enfant.
e. Je [être] .... dehors quand il [commencer] .... à pleuvoir.
f. Linda [aller] .... à l'hôpital parce qu'elle [avoir] .... trop mal au ventre.
g. Je [attendre] .... l'autobus quand elle [passer] .... devant moi.

2 Associez.

a. Il y a beaucoup de fruits cette année ? → Non, parce qu'il a fait trop froid.
Vous avez fait de belles promenades ? → Non, parce qu'il faisait trop froid.

b. Alors, comment tu as trouvé le film ? • J'aimais beaucoup la musique.
Pourquoi tu as fait des études de musique ? • J'ai beaucoup aimé la musique.

c. Pourquoi tu n'as pas répondu au téléphone ? • Je prenais une douche.
Qu'est-ce que tu as fait en arrivant chez toi ? • J'ai pris une douche.

d. Comment tu t'es coupé la main ? • J'ai ouvert une boîte de sardines.
Qu'est-ce que tu as mangé hier soir ? • J'ouvrais une boîte de sardines.

e. Alors, a-t-elle trouvé une solution ? • Oui, elle a parlé au directeur.
Tu as vu Julie ce matin ? • Oui, elle parlait au directeur.

f. Qu'est-ce qu'il a fait dans les Alpes ? • Il faisait du ski.
Comment s'est-il cassé une jambe ? • Il a fait du ski.

3 Écoutez et répondez aux questions. Utilisez les éléments proposés et choisissez le passé composé ou l'imparfait.

a. [je - être malade] — **J'étais malade.**
b. [je – téléphoner à la police] ....
c. [ce - être cher et pas bon] ....
d. [ils - envoyer un message hier] ....
e. [il - tomber] ....
f. [il - être très confortable] ....

4 Conjuguez les verbes au passé composé ou à l'imparfait.

Je [sortir] **suis sorti** de la zone internationale et, comme dans tous les aéroports, je [trouver] .... une trentaine de personnes qui [tenir] .... des panneaux avec le nom des voyageurs qu'elles [attendre] .... Je [lire] .... une dizaine de panneaux et je [trouver] .... mon nom. Je [se diriger] .... vers le chauffeur de taxi et je [le saluer] ....
Je [comprendre] .... tout de suite qu'il ne [parler] .... pas français et pas beaucoup anglais non plus. Il [me faire] .... un grand sourire et [m'inviter] .... à le suivre jusqu'à sa voiture. Ce [être] .... la première fois que je [venir] .... dans cette ville indienne et je [ne pas connaître] .... les collègues que je [devoir] .... rencontrer. Après une heure de voyage, nous [arriver] .... dans l'entreprise où je [avoir] .... rendez-vous.

L'imparfait et le passé composé

41 L'impératif

N'oublie pas ton passeport. Allons-y !

Le mode impératif

L'impératif est un mode qu'on utilise pour donner :

- une instruction : **Versez** les œufs puis le lait.
- un conseil : **Évitez** de conduire quand vous êtes fatigués.
- un ordre (avec *!* à la fin de la phrase) : **Lis** bien les consignes !

Prononciation À l'oral, pensez à bien distinguer le ton entre l'instruction, le conseil ou l'ordre.

La conjugaison

- On conjugue les verbes à l'impératif comme au présent de l'indicatif. L'impératif n'existe qu'aux personnes *tu*, *nous* et *vous*. Il ne faut pas écrire *tu*, *nous* et *vous* devant le verbe.

Travailler	Aller	Finir	Prendre
Travaille	Va	Finis	Prends
Travaillons	Allons	Finissons	Prenons
Travaillez	Allez	Finissez	Prenez

 Les verbes en *-er* et *aller* ne prennent pas de *-s* avec *tu*.

- Les exceptions : **être, avoir, savoir, vouloir**

Être	Avoir	Savoir	Vouloir
Sois	Aie	Sache	-
Soyons	Ayons	Sachons	-
Soyez	Ayez	Sachez	Veuillez

- L'impératif négatif : **ne + verbe + pas**

Ne parle pas à ton voisin !   **Ne partez pas** maintenant !

L'impératif et les pronoms

- À l'impératif affirmatif, les pronoms COD, COI, *y* et *en* se placent **après le verbe** (avec un trait d'union).

- Avec les pronoms COD :

Finis **ton sandwich** ! → Finis-**le** !   Prends **les assiettes** ! → Prends-**les** !
Tu **m'**écoutes ! → Écoute-**moi** !   Tu **te** regardes ! → Regarde-**toi** !

 Les pronoms COD **me, te** deviennent **moi, toi**.

- Avec les pronoms COI :
Téléphone **à Marie** ! → Téléphone-**lui** !
Tu **m'**écris quand tu arrives. → Écris-**moi** quand tu arrives.

⚠️ Les pronoms COI **me**, **te** deviennent **moi**, **toi**.

- Avec les pronoms *y* et *en* :
Va**s-y** !   Prend**s-en**.

⚠️ On ajoute un *-s* aux verbes en *-er* à la 2ᵉ personne du singulier quand ils sont suivis des pronoms *en* et *y*.

- Les verbes pronominaux
Tu **te** laves. → Lave-**toi** !
Nous **nous** promenons dans le jardin. → Promenons-**nous** dans le jardin.
Vous **vous** levez. → Levez-**vous** !

● À l'impératif négatif, les pronoms COD, COI, *en* et *y* se placent **avant le verbe**.
Ne **me** regarde pas !   N'**en** parlez pas.
N'**y** allons pas.   Ne **t'**arrête pas !

Exercices

+3 exercices

1 Transformez les phrases à l'impératif.

a. Tu prends le bus. → [vous] **Prenez le bus !**

b. Nous partons à la mer. → [tu] ....

c. Tu écoutes le professeur. → [vous] ....

d. Vous allez au lit. → [tu] ....

e. Vous fermez les yeux. → [nous] ....

f. Nous écrivons des cartes postales. → [tu] ....

2 Récrivez la recette à l'impératif en utilisant la personne *tu*.

Dans une casserole, **faites** fondre 200 grammes de chocolat noir. **Ajoutez** 100 grammes de beurre coupé en morceaux. Dans un saladier, **mettez** le sucre, les œufs, la farine. **Ajoutez** le chocolat et le beurre. **Mélangez** bien. **Beurrez** un plat rond et **versez** la pâte dedans. **Faites** cuire au four environ 20 minutes. Bon appétit !

Dans une casserole, fais fondre ....

....

....

....

....

L'impératif

3 Conjuguez les verbes à l'impératif négatif.

a. Mme Lignac, [ne pas partir] **ne partez pas** !
b. Marcelo, [ne pas faire] .... de bruit !
c. Les enfants, [ne pas venir] .... dans la cuisine !
d. Nous ne sommes pas encore fatigués, [ne pas rentrer] .... !
e. Tu as un rendez-vous ce soir, [ne pas finir] .... trop tard !
f. Vous êtes enceinte, [ne pas prendre] .... l'avion !

4 Conjuguez à l'impératif.

a. Nous vous souhaitons beaucoup de bonheur ! [être heureux] → **Soyez heureux !**
b. Quoi ? Tu as vu un serpent ? [ne pas avoir peur] → ....
c. Tu vas y arriver Zora ! [ne pas être inquiète] → ....
d. Madame, le directeur vous attend. [vouloir entrer] → ....
e. Vous aurez la réponse dans un mois. [savoir être patient] → ....
f. Je suis sûr que vous avez réussi votre entretien. [avoir confiance] → ....

5 Conjuguez les verbes à l'impératif.

a. — J'ai un examen demain !
— Ça va aller, [tu - ne pas s'inquiéter] **ne t'inquiète pas** !
b. — On va à la fête de Sonia !
— Très bien ! [vous - s'amuser] .... bien !
c. — Maman, je suis fatigué !
— [tu - se reposer] .... un peu !
d. — On a déjà beaucoup marché !
— Oui, [nous - s'arrêter] .... !
e. — Nous allons faire une balade en forêt !
— D'accord, [vous – se promener] .... bien !
f. — Excuse-moi, je suis en retard !
— Oui, [tu – se dépêcher] .... , le film va commencer.

6 Transformez à l'impératif affirmatif ou négatif.

a. N'y va pas ! → **Vas-y !**
b. Téléphone-moi ! → ....
c. Prenez-le ! → ....
d. N'en parle pas à ta sœur ! → ....
e. Ne me regarde pas ! → ....
f. N'y allons pas ! → ....

7 Donnez des conseils en utilisant l'impératif avec les mots proposés.

a. à un ami qui apprend le français :
[~~parler français tous les jours~~ – ne pas utiliser sa langue maternelle – écouter la radio française – regarder des films français – apprendre les conjugaisons – ne pas se décourager]
Parle français tous les jours. N'utilise pas ta langue maternelle. Écoute la radio française. Regarde des films français. Apprends les conjugaisons. Ne te décourage pas.

b. à des jeunes gens qui apprennent à conduire :
[respecter le code de la route – ne pas conduire trop vite – savoir être prudents – se faire confiance – faire attention aux autres voitures – s'arrêter au feu rouge]
Respectez le code de la route. Ne conduisez pas trop vite. Sachez être prudents. Faites-vous confiance. Faites attention aux autres voitures. Arrêtez-vous au feu rouge.

c. à des enfants le jour de la rentrée des classes :
[écouter le professeur – être attentifs – bien s'amuser – ne pas courir dans la classe – jouer avec les autres enfants – lever la main pour poser une question]
Écoutez le professeur. Soyez attentifs. Amusez-vous bien. Ne courez pas dans la classe. Jouez avec les autres enfants. Levez la main pour poser une question.

d. à une amie qui dort mal :
[se coucher plus tôt – prendre un bain – ne pas répondre aux SMS – lire un bon livre – boire une tisane – faire des exercices de relaxation]
Couche-toi plus tôt. Prends un bain. Ne réponds pas aux SMS. Lis un bon livre. Bois une tisane. Fais des exercices de relaxation.

8 Conjuguez les verbes à l'impératif.

Salut Mario,
Je suis content de te voir samedi ! Mais, [me dire] **dis-moi**, c'est la première fois que tu viens chez moi.
Alors, [ne pas s'inquiéter] ne t'inquiète pas, je te donne quelques indications.
[Sortir] Sors du centre-ville, direction Trélazé. Quand tu arrives dans la rue Saumuroise, [prendre] prends la première rue à gauche.
[Continuer] Continue tout droit jusqu'à la rue des Sauges puis
[tourner] tourne à droite dans la rue des Lilas. Il y a un chemin sur ta gauche,
[le prendre] prends-le. Ma maison est au bout de ce chemin !
Si tu es perdu, [me téléphoner] téléphone-moi !
Erwan

42 Le conditionnel présent

Je souhaiterais vivre au bord de la mer.

La conjugaison

On utilise le conditionnel présent pour :
- demander poliment : Je **voudrais** sortir un peu plus tôt, s'il vous plaît.
- donner un conseil : Tu **devrais** apprendre le chinois.
- faire une proposition : Tu **pourrais** venir dîner à la maison samedi soir ?
- exprimer un souhait : Je **souhaiterais** vivre au bord de la mer.

Infinitif + terminaisons (-ais, -ais, -ait, -ions, -iez, aient)

Aimer	Souhaiter	Préférer
J'aimer**ais**	Je souhaiter**ais**	Je préférer**ais**
Tu aimer**ais**	Tu souhaiter**ais**	Tu préférer**ais**
Il / Elle / On aimer**ait**	Il / Elle / On souhaiter**ait**	Il / Elle / On préférer**ait**
Nous aimer**ions**	Nous souhaiter**ions**	Nous préférer**ions**
Vous aimer**iez**	Vous souhaiter**iez**	Vous préférer**iez**
Ils / Elles aimer**aient**	Ils / Elles souhaiter**aient**	Ils / Elles préférer**aient**

Quelques verbes particuliers

Prendre	Devoir	Avoir
Je prendr**ais**	Je devr**ais**	J'aur**ais**
Tu prendr**ais**	Tu devr**ais**	Tu aur**ais**
Il / Elle / On prendr**ait**	Il / Elle / On devr**ait**	Il / Elle / On aur**ait**
Nous prendr**ions**	Nous devr**ions**	Nous aur**ions**
Vous prendr**iez**	Vous devr**iez**	Vous aur**iez**
Ils / Elles prendr**aient**	Ils / Elles devr**aient**	Ils / Elles aur**aient**

Vouloir	Pouvoir	Falloir
Je voudr**ais**	Je pourr**ais**	
Tu voudr**ais**	Tu pourr**ais**	
Il / Elle / On voudr**ait**	Il / Elle / On pourr**ait**	Il faudr**ait**
Nous voudr**ions**	Nous pourr**ions**	
Vous voudr**iez**	Vous pourr**iez**	
Ils / Elles voudr**aient**	Ils / Elles pourr**aient**	

Exercices

 +3 exercices

1 Associez.

a. J' 1. voudrais aller au concert ?
b. Tu 2. aimerais bien y aller.
c. Marcus 3. préférerions venir le 28.
d. Nous 4. souhaiterait retourner en Suède.
e. Vous 5. pourriez me prêter votre voiture ?
f. Elles 6. devraient arriver demain soir.

2 Écrivez les terminaisons du conditionnel présent.

a. Est-ce que tu voudr**ais** faire une partie de tennis ?
b. Aur……………-vous la monnaie sur 50 € ?
c. Si j'étais à ta place, je prendr…………… l'avion.
d. On souhaiter…………… partir un an à l'étranger.
e. Adam préférer…………… aller au restaurant *La Tarantelle*.

3 Transformez les phrases au conditionnel présent.

a. Tu peux me passer le sel ? → **Tu pourrais me passer le sel ?**
b. Je veux un kilo de cerises. → ……………
c. Nous souhaitons camper. → ……………
d. Vous pouvez me dire où est la poste ? → ……………
e. Est-ce que tu as un parapluie ? → ……………
f. Je peux utiliser ton ordinateur ? → ……………
g. On veut aller à Rome. → ……………
h. Ils préfèrent prendre l'avion. → ……………

4 Conjuguez les verbes au conditionnel présent.

a. Excusez-moi, est-ce que vous [pouvoir] **pourriez** m'indiquer la gare ?
b. On [préférer] …………… venir plus tôt.
c. Ils [souhaiter] …………… nous accompagner.
d. J' [avoir] …………… besoin de ton aide.
e. Julie [aimer] …………… partir avec nous.
f. Tu [devoir] …………… boire moins de thé.
g. Elle [pouvoir] …………… faire plus attention !
h. Il [falloir] …………… aller au supermarché avant la fermeture.

Le conditionnel présent

43 Le subjonctif présent

J'aimerais que tu viennes à mon spectacle.

La conjonction  148

- On utilise le subjonctif présent après les verbes qui expriment :

- le souhait (*souhaiter, préférer*) :
Je **souhaite que** tu **dormes** chez moi.   Je **préférerais qu'**on **aille** au cinéma.

- la volonté (*vouloir, aimer*) :
Je **veux que** tu **fasses** tes devoirs.   J'**aimerais que** tu **manges** ta soupe.

- l'obligation (*falloir*) :
Il **faut que** j'**aille** à la poste.   Il **faudrait qu'**il **fasse** du sport.

- Pour *je, tu, il / elle / on* et *ils / elles* : on enlève la terminaison de la 3ᵉ personne du pluriel (*ils*) du présent de l'indicatif et on ajoute les terminaisons du subjonctif (*-e, -es, -e, -ent*).

Parler	Venir	Boire
ils parlent → parl	ils viennent → vienn	ils boivent → boiv
que je **parle**	que je **vienne**	que je **boive**
que tu **parles**	que tu **viennes**	que tu **boives**
qu'il / qu'elle / qu'on **parle**	qu'il / qu'elle / qu'on **vienne**	qu'il / qu'elle / qu'on **boive**
qu'ils / qu'elles **parlent**	qu'ils / qu'elles **viennent**	qu'ils / qu'elles **boivent**

- Pour *nous* et *vous* : on enlève la terminaison de la 1ʳᵉ personne du pluriel (*nous*) du présent de l'indicatif et on ajoute les terminaisons du subjonctif (*-ions, -iez*).

Parler	Venir	Boire
nous parlons → parl	nous venons → ven	nous buvons → buv
que nous **parlions**	que nous **venions**	que nous **buvions**
que vous **parliez**	que vous **veniez**	que vous **buviez**

Les verbes irréguliers  149

Avoir	Être	Faire
que j'**aie**	que je **sois**	que je **fasse**
que tu **aies**	que tu **sois**	que tu **fasses**
qu'il / qu'elle / qu'on **ait**	qu'il / qu'elle / qu'on **soit**	qu'il / qu'elle / qu'on **fasse**
que nous **ayons**	que nous **soyons**	que nous **fassions**
que vous **ayez**	que vous **soyez**	que vous **fassiez**
qu'ils / qu'elles **aient**	qu'ils / qu'elles **soient**	qu'ils / qu'elles **fassent**

Aller
que j'aille
que tu ailles
qu'il / qu'elle / qu'on aille
que nous allions
que vous alliez
qu'ils / qu'elles aillent

Savoir
que je sache
que tu saches
qu'il / qu'elle / qu'on sache
que nous sachions
que vous sachiez
qu'ils / qu'elles sachent

Pouvoir
que je puisse
que tu puisses
qu'il / qu'elle / qu'on puisse
que nous puissions
que vous puissiez
qu'ils / qu'elles puissent

Vouloir
que je veuille
que tu veuilles
qu'il / qu'elle / qu'on veuille
que nous voulions
que vous vouliez
qu'ils / qu'elles veuillent

Exercices

+3 exercices

1 Écoutez et cochez les expressions suivies du subjonctif présent. 150

a. On souhaite que... ✓
b. J'espère que... ☐
c. Il aimerait que... ☐
d. Je suis certaine que... ☐
e. Tu crois que... ☐
f. Je voudrais que... ☐
g. Il faudrait que... ☐
h. Je pense que... ☐
i. Ils veulent que... ☐

2 Écrivez les verbes au présent de l'indicatif puis au subjonctif présent.

infinitif	présent de l'indicatif	subjonctif présent
a. lire	ils **lisent**	que tu **lises**
b. danser	nous	que vous ....
c. partir	ils	qu'ils ....
d. prendre	nous	que nous ....
e. boire	nous	que vous ....
f. étudier	nous	que vous ....
g. venir	ils	que je ....
h. sortir	nous	que vous ....
i. écrire	ils	que tu ....
j. se promener	nous	que vous ....
k. finir	ils	qu'elle ....
l. offrir	nous	que nous ....

Le subjonctif présent

3 Complétez la grille en conjuguant les verbes au subjonctif présent.

a. [faire – tu]   1. [devoir – elle]
b. [avoir – tu]   2. [faire – vous]
c. [vouloir – on]   3. [aller – il]
d. [pouvoir – vous] 4. [savoir – vous]

a ▶ F A S S E S

Associez les lettres des cases orange pour former un subjonctif présent :
que tu ....

4 Conjuguez les verbes au subjonctif présent.

a. Il veut qu'on [faire] **fasse** les courses avant de rentrer.
b. Il fait très chaud. Il faut que vous [boire] .... beaucoup d'eau.
c. Ma mère ne veut pas que mes amis [dormir] .... à la maison.
d. Je préfère qu'ils [venir] .... samedi plutôt que dimanche.
e. J'aimerais que tu [prendre] .... toutes tes affaires.
f. On veut qu'ils [être] .... là à 20 h.

5 Associez.

a. Je veux qu'   ╳   elle viendra chez moi.
   Je suis certaine qu'   elle vienne chez moi.

b. On voudrait qu'   il nous répondra rapidement.
   On croit qu'   il nous réponde rapidement.

c. Je pense que   vous nous dites la vérité.
   J'aimerais que   vous nous disiez la vérité.

d. Il faut que   tu prendras la bonne décision.
   On espère que   tu prennes la bonne décision.

6 Transformez les phrases.

a. Elle doit téléphoner à son médecin. → Je souhaite qu'**elle téléphone à son médecin.**
b. Nous devons rentrer tôt. → Il veut que ....
c. Tu dois fermer la porte. → Il faut que ....
d. Il doit apprendre le russe. → Je souhaite qu' ....
e. Vous devez être patient. → Il faut que ....

138   Les modes

7 Faites des phrases au subjonctif présent avec les mots proposés.

a. [je – vouloir – tu – arrêter de fumer]
Je voudrais que tu arrêtes de fumer.

b. [il – falloir – je – passer le permis de conduire]
Il faut que je passe le permis de conduire.

c. [je – préférer – ils – ne pas venir]
Je préfère qu'ils ne viennent pas.

d. [nous – vouloir – tu – finir ton stage]
Nous voulons que tu finisses ton stage.

e. [je – aimer – nous – se retrouver après le travail]
J'aimerais que nous nous retrouvions après le travail.

f. [il – préférer – on – ne pas prendre sa voiture]
Il préfère qu'on ne prenne pas sa voiture.

g. [on – vouloir – tu – faire plus attention à nous]
On voudrait que tu fasses plus attention à nous.

h. [ils – souhaiter – elle – être plus heureuse]
Ils souhaitent qu'elle soit plus heureuse.

8 Donnez des conseils pour chaque situation. Utilisez les mots proposés.

a. Conseils pour plaire à une femme :
[offrir des fleurs – inviter au restaurant – écrire des mots doux – être sympathique – avoir de l'humour]
Il faut qu'il offre des fleurs. Il faut qu'il l'invite au restaurant. Il faut qu'il écrive des mots doux. Il faut qu'il soit sympathique. Il faut qu'il ait de l'humour.

b. Conseils pour un entretien d'embauche :
[arriver en avance – bien s'habiller – faire attention à son langage – parler de ses expériences – montrer sa motivation]
Il faut que tu arrives en avance. Il faut que tu t'habilles bien. Il faut que tu fasses attention à ton langage. Il faut que tu parles de tes expériences. Il faut que tu montres ta motivation.

c. Conseils pour une invitation chez quelqu'un :
[apporter un bouquet de fleurs – être polis – s'excuser en cas de retard – saluer chaque personne – ne pas parler la bouche pleine]
Il faut que vous apportiez un bouquet de fleurs. Il faut que vous soyez polis. Il faut que vous vous excusiez en cas de retard. Il faut que vous saluiez chaque personne. Il faut que vous ne parliez pas la bouche pleine.

Tableaux de conjugaison

	Avoir	Être	Parler	Acheter
Présent	j'ai tu as il / elle / on a nous avons vous avez ils / elles ont	je suis tu es il / elle / on est nous sommes vous êtes ils / elles sont	je parle tu parles il / elle / on parle nous parlons vous parlez ils / elles parlent	j'achète tu achètes il / elle / on achète nous achetons vous achetez ils / elles achètent
Passé composé	j'ai eu tu as eu il / elle / on a eu nous avons eu vous avez eu ils / elles ont eu	j'ai été tu as été il / elle / on a été nous avons été vous avez été ils / elles ont été	j'ai parlé tu as parlé il / elle / on a parlé nous avons parlé vous avez parlé ils / elles ont parlé	j'ai acheté tu as acheté il / elle / on a acheté nous avons acheté vous avez acheté ils / elles ont acheté
Imparfait	j'avais tu avais il / elle / on avait nous avions vous aviez ils / elles avaient	j'étais tu étais il / elle / on était nous étions vous étiez ils / elles étaient	je parlais tu parlais il / elle / on parlait nous parlions vous parliez ils / elles parlaient	j'achetais tu achetais il / elle / on achetait nous achetions vous achetiez ils / elles achetaient
Futur simple	j'aurai tu auras il / elle / on aura nous aurons vous aurez ils / elles auront	je serai tu seras il / elle / on sera nous serons vous serez ils / elles seront	je parlerai tu parleras il / elle / on parlera nous parlerons vous parlerez ils / elles parleront	j'achèterai tu achèteras il / elle / on achètera nous achèterons vous achèterez ils / elles achèteront
Impératif	aie ayons ayez	sois soyons soyez	parle parlons parlez	achète achetons achetez
Conditionnel présent	j'aurais tu aurais il / elle / on aurait nous aurions vous auriez ils / elles auraient	je serais tu serais il / elle / on serait nous serions vous seriez ils / elles seraient	je parlerais tu parlerais il / elle / on parlerait nous parlerions vous parleriez ils / elles parleraient	j'achèterais tu achèterais il / elle / on achèterait nous achèterions vous achèteriez ils / elles achèteraient
Subjonctif présent	j'aie tu aies il / elle / on ait nous ayons vous ayez ils / elles aient	je sois tu sois il / elle / on soit nous soyons vous soyez ils / elles soient	je parle tu parles il / elle / on parle nous parlions vous parliez ils / elles parlent	j'achète tu achètes il / elle / on achète nous achetions vous achetiez ils / elles achètent

	Appeler	**Aller**	**Finir**	**Partir**
Présent	j'appelle tu appelles il / elle / on appelle nous appelons vous appelez ils / elles appellent	je vais tu vas il / elle / on va nous allons vous allez ils / elles vont	je finis tu finis il / elle / on finit nous finissons vous finissez ils / elles finissent	je pars tu pars il / elle / on part nous partons vous partez ils / elles partent
Passé composé	j'ai appelé tu as appelé il / elle / on a appelé nous avons appelé vous avez appelé ils / elles ont appelé	je suis allé(e) tu es allé(e) il / elle / on est allé(e)(s) nous sommes allé(e)s vous êtes allé(e)(s) ils / elles sont allé(e)s	j'ai fini tu as fini il / elle / on a fini nous avons fini vous avez fini ils / elles ont fini	je suis parti(e) tu es parti(e) il / elle / on est parti(e)(s) nous sommes parti(e)s vous êtes parti(e)(s) ils / elles sont parti(e)s
Imparfait	j'appelais tu appelais il / elle / on appelait nous appelions vous appeliez ils / elles appelaient	j'allais tu allais il / elle / on allait nous allions vous alliez ils / elles allaient	je finissais tu finissais il / elle / on finissait nous finissions vous finissiez ils / elles finissaient	je partais tu partais il / elle / on partait nous partions vous partiez ils / elles partaient
Futur simple	j'appellerai tu appelleras il / elle / on appellera nous appellerons vous appellerez ils / elles appelleront	j'irai tu iras il / elle / on ira nous irons vous irez ils / elles iront	je finirai tu finiras il / elle / on finira nous finirons vous finirez ils / elles finiront	je partirai tu partiras il / elle / on partira nous partirons vous partirez ils / elles partiront
Impératif	appelle appelons appelez	va allons allez	finis finissons finissez	pars partons partez
Conditionnel présent	j'appellerais tu appellerais il / elle / on appellerait nous appellerions vous appelleriez ils / elles appelleraient	j'irais tu irais il / elle / on irait nous irions vous iriez ils / elles iraient	je finirais tu finirais il / elle / on finirait nous finirions vous finiriez ils / elles finiraient	je partirais tu partirais il / elle / on partirait nous partirions vous partiriez ils / elles partiraient
Subjonctif présent	j'appelle tu appelles il / elle / on appelle nous appelions vous appeliez ils / elles appellent	j'aille tu ailles il / elle / on aille nous allions vous alliez ils / elles aillent	je finisse tu finisses il / elle / on finisse nous finissions vous finissiez ils / elles finissent	je parte tu partes il / elle / on parte nous partions vous partiez ils / elles partent

	Venir	**Ouvrir**	**Écrire**	**Dire**
Présent	je viens tu viens il / elle / on vient nous venons vous venez ils / elles viennent	j'ouvre tu ouvres il / elle / on ouvre nous ouvrons vous ouvrez ils / elles ouvrent	j'écris tu écris il / elle / on écrit nous écrivons vous écrivez ils / elles écrivent	je dis tu dis il / elle / on dit nous disons vous dites ils / elles disent
Passé composé	je suis venu(e) tu es venu(e) il / elle / on est venu(e)(s) nous sommes venu(e)s vous êtes venu(e)(s) ils / elles sont venu(e)s	j'ai ouvert tu as ouvert il / elle / on a ouvert nous avons ouvert vous avez ouvert ils / elles ont ouvert	j'ai écrit tu as écrit il / elle / on a écrit nous avons écrit vous avez écrit ils / elles ont écrit	j'ai dit tu as dit il / elle / on a dit nous avons dit vous avez dit ils / elles ont dit
Imparfait	je venais tu venais il / elle / on venait nous venions vous veniez ils / elles venaient	j'ouvrais tu ouvrais il / elle / on ouvrait nous ouvrions vous ouvriez ils / elles ouvraient	j'écrivais tu écrivais il / elle / on écrivait nous écrivions vous écriviez ils / elles écrivaient	je disais tu disais il / elle / on disait nous disions vous disiez ils / elles disaient
Futur simple	je viendrai tu viendras il / elle / on viendra nous viendrons vous viendrez ils / elles viendront	j'ouvrirai tu ouvriras il / elle / on ouvrira nous ouvrirons vous ouvrirez ils / elles ouvriront	j'écrirai tu écriras il / elle / on écrira nous écrirons vous écrirez ils / elles écriront	je dirai tu diras il / elle / on dira nous dirons vous direz ils / elles diront
Impératif	viens venons venez	ouvre ouvrons ouvrez	écris écrivons écrivez	dis disons dites
Conditionnel présent	je viendrais tu viendrais il / elle / on viendrait nous viendrions vous viendriez ils / elles viendraient	j'ouvrirais tu ouvrirais il / elle / on ouvrirait nous ouvririons vous ouvririez ils / elles ouvriraient	j'écrirais tu écrirais il / elle / on écrirait nous écririons vous écririez ils / elles écriraient	je dirais tu dirais il / elle / on dirait nous dirions vous diriez ils / elles diraient
Subjonctif présent	je vienne tu viennes il / elle / on vienne nous venions vous veniez ils / elles viennent	j'ouvre tu ouvres il / elle / on ouvre nous ouvrions vous ouvriez ils / elles ouvrent	j'écrive tu écrives il / elle / on écrive nous écrivions vous écriviez ils / elles écrivent	je dise tu dises il / elle / on dise nous disions vous disiez ils /elles disent

	Lire	Pouvoir	Vouloir	Devoir
Présent	je lis tu lis il / elle / on lit nous lisons vous lisez ils / elles lisent	je peux tu peux il / elle / on peut nous pouvons vous pouvez ils / elles peuvent	je veux tu veux il / elle / on veut nous voulons vous voulez ils / elles veulent	je dois tu dois il / elle / on doit nous devons vous devez ils / elles doivent
Passé composé	j'ai lu tu as lu il / elle / on a lu nous avons lu vous avez lu ils / elles ont lu	j'ai pu tu as pu il / elle / on a pu nous avons pu vous avez pu ils / elles ont pu	j'ai voulu tu as voulu il / elle / on a voulu nous avons voulu vous avez voulu ils / elles ont voulu	j'ai dû tu as dû il / elle / on a dû nous avons dû vous avez dû ils / elles ont dû
Imparfait	je lisais tu lisais il / elle / on lisait nous lisions vous lisiez ils / elles lisaient	je pouvais tu pouvais il / elle / on pouvait nous pouvions vous pouviez ils / elles pouvaient	je voulais tu voulais il / elle / on voulait nous voulions vous vouliez ils / elles voulaient	je devais tu devais il / elle / on devait nous devions vous deviez ils / elles devaient
Futur simple	je lirai tu liras il / elle / on lira nous lirons vous lirez ils / elles liront	je pourrai tu pourras il / elle / on pourra nous pourrons vous pourrez ils / elles pourront	je voudrai tu voudras il / elle / on voudra nous voudrons vous voudrez ils / elles voudront	je devrai tu devras il / elle / on devra nous devrons vous devrez ils / elles devront
Impératif	lis lisons lisez		- - veuillez	
Conditionnel présent	je lirais tu lirais il / elle / on lirait nous lirions vous liriez ils / elles liraient	je pourrais tu pourrais il / elle / on pourrait nous pourrions vous pourriez ils / elles pourraient	je voudrais tu voudrais il / elle / on voudrait nous voudrions vous voudriez ils / elles voudraient	je devrais tu devrais il / elle / on devrait nous devrions vous devriez ils / elles devraient
Subjonctif présent	je lise tu lises il / elle / on lise nous lisions vous lisiez ils / elles lisent	je puisse tu puisses il / elle / on puisse nous puissions vous puissiez ils / elles puissent	je veuille tu veuilles il / elle / on veuille nous voulions vous vouliez ils / elles veuillent	je doive tu doives il / elle / on doive nous devions vous deviez ils / elles doivent

	Voir	**Savoir**	**Boire**	**Croire**
Présent	je vois tu vois il / elle / on voit nous voyons vous voyez ils / elles voient	je sais tu sais il / elle / on sait nous savons vous savez ils / elles savent	je bois tu bois il / elle / on boit nous buvons vous buvez ils / elles boivent	je crois tu crois il / elle / on croit nous croyons vous croyez ils / elles croient
Passé composé	j'ai vu tu as vu il / elle / on a vu nous avons vu vous avez vu ils / elles ont vu	j'ai su tu as su il / elle / on a su nous avons su vous avez su ils / elles ont su	j'ai bu tu as bu il / elle / on a bu nous avons bu vous avez bu ils / elles ont bu	j'ai cru tu as cru il / elle / on a cru nous avons cru vous avez cru ils / elles ont cru
Imparfait	je voyais tu voyais il / elle / on voyait nous voyions vous voyiez ils / elles voyaient	je savais tu savais il / elle / on savait nous savions vous saviez ils / elles savaient	je buvais tu buvais il / elle / on buvait nous buvions vous buviez ils / elles buvaient	je croyais tu croyais il / elle / on croyait nous croyions vous croyiez ils / elles croyaient
Futur simple	je verrai tu verras il / elle / on verra nous verrons vous verrez ils / elles verront	je saurai tu sauras il / elle / on saura nous saurons vous saurez ils / elles sauront	je boirai tu boiras il / elle / on boira nous boirons vous boirez ils / elles boiront	je croirai tu croiras il / elle / on croira nous croirons vous croirez ils / elles croiront
Impératif	vois voyons voyez	sache sachons sachez	bois buvons buvez	crois croyons croyez
Conditionnel présent	je verrais tu verrais il / elle / on verrait nous verrions vous verriez ils / elles verraient	je saurais tu saurais il / elle / on saurait nous saurions vous sauriez ils / elles sauraient	je boirais tu boirais il / elle / on boirait nous boirions vous boiriez ils / elles boiraient	je croirais tu croirais il / elle / on croirait nous croirions vous croiriez ils / elles croiraient
Subjonctif présent	je voie tu voies il / elle / on voie nous voyions vous voyiez ils / elles voient	je sache tu saches il / elle / on sache nous sachions vous sachiez ils / elles sachent	je boive tu boives il / elle / on boive nous buvions vous buviez ils / elles boivent	je croie tu croies il / elle / on croie nous croyions vous croyiez ils / elles croient

	Prendre	**Vendre**	**Connaître**	**Mettre**
Présent	je prends tu prends il / elle / on prend nous prenons vous prenez ils / elles prennent	je vends tu vends il / elle / on vend nous vendons vous vendez ils / elles vendent	je connais tu connais il / elle / on connaît nous connaissons vous connaissez ils / elles connaissent	je mets tu mets il / elle / on met nous mettons vous mettez ils / elles mettent
Passé composé	j'ai pris tu as pris il / elle / on a pris nous avons pris vous avez pris ils / elles ont pris	j'ai vendu tu as vendu il / elle / on a vendu nous avons vendu vous avez vendu ils / elles ont vendu	j'ai connu tu as connu il / elle / on a connu nous avons connu vous avez connu ils / elles ont connu	j'ai mis tu as mis il / elle / on a mis nous avons mis vous avez mis ils / elles ont mis
Imparfait	je prenais tu prenais il / elle / on prenait nous prenions vous preniez ils / elles prenaient	je vendais tu vendais il / elle / on vendait nous vendions vous vendiez ils / elles vendaient	je connaissais tu connaissais il / elle / on connaissait nous connaissions vous connaissiez ils / elles connaissaient	je mettais tu mettais il / elle / on mettait nous mettions vous mettiez ils / elles mettaient
Futur simple	je prendrai tu prendras il / elle / on prendra nous prendrons vous prendrez ils / elles prendront	je vendrai tu vendras il / elle / on vendra nous vendrons vous vendrez ils / elles vendront	je connaîtrai tu connaîtras il / elle / on connaîtra nous connaîtrons vous connaîtrez ils / elles connaîtront	je mettrai tu mettras il / elle / on mettra nous mettrons vous mettrez ils / elles mettront
Impératif	prends prenons prenez	vends vendons vendez		mets mettons mettez
Conditionnel présent	je prendrais tu prendrais il / elle / on prendrait nous prendrions vous prendriez ils / elles prendraient	je vendrais tu vendrais il / elle / on vendrait nous vendrions vous vendriez ils / elles vendraient	je connaîtrais tu connaîtrais il / elle / on connaîtrait nous connaîtrions vous connaîtriez ils / elles connaîtraient	je mettrais tu mettrais il / elle / on mettrait nous mettrions vous mettriez ils / elles mettraient
Subjonctif présent	je prenne tu prennes il / elle / on prenne nous prenions vous preniez ils / elles prennent	je vende tu vendes il / elle / on vende nous vendions vous vendiez ils / elles vendent	je connaisse tu connaisses il / elle / on connaisse nous connaissions vous connaissiez ils / elles connaissent	je mette tu mettes il / elle / on mette nous mettions vous mettiez ils / elles mettent

	Faire	**Vivre**	**Se souvenir**
Présent	je fais tu fais il / elle / on fait nous faisons vous faites ils / elles font	je vis tu vis il / elle / on vit nous vivons vous vivez ils / elles vivent	je me souviens tu te souviens il / elle / on se souvient nous nous souvenons vous vous souvenez ils / elles se souviennent
Passé composé	j'ai fait tu as fait il / elle / on a fait nous avons fait vous avez fait ils / elles ont fait	j'ai vécu tu as vécu il / elle / on a vécu nous avons vécu vous avez vécu ils / elles ont vécu	je me suis souvenu(e) tu t'es souvenu(e) il / elle / on s'est souvenu(e)(s) nous nous sommes souvenu(e)s vous vous êtes souvenu(e)(s) ils / elles se sont souvenu(e)s
Imparfait	je faisais tu faisais il / elle / on faisait nous faisions vous faisiez ils / elles faisaient	je vivais tu vivais il / elle / on vivait nous vivions vous viviez ils / elles vivaient	je me souvenais tu te souvenais il / elle / on se souvenait nous nous souvenions vous vous souveniez ils / elles se souvenaient
Futur simple	je ferai tu feras il / elle / on fera nous ferons vous ferez ils / elles feront	je vivrai tu vivras il / elle / on vivra nous vivrons vous vivrez ils / elles vivront	je me souviendrai tu te souviendras il / elle / on se souviendra nous nous souviendrons vous vous souviendrez ils / elles se souviendront
Impératif	fais faisons faites	vis vivons vivez	souviens-toi souvenons-nous souvenez-vous
Conditionnel présent	je ferais tu ferais il / elle / on ferait nous ferions vous feriez ils / elles feraient	je vivrais tu vivrais il / elle / on vivrait nous vivrions vous vivriez ils / elles vivraient	je me souviendrais tu te souviendrais il / elle / on se souviendrait nous nous souviendrions vous vous souviendriez ils / elles se souviendraient
Subjonctif présent	je fasse tu fasses il / elle / on fasse nous fassions vous fassiez ils / elles fassent	je vive tu vives il / elle / on vive nous vivions vous viviez ils / elles vivent	je me souvienne tu te souviennes il / elle / on se souvienne nous nous souvenions vous vous souveniez ils / elles se souviennent

	Falloir	**Pleuvoir**
Présent	il faut	il pleut
Passé composé	il a fallu	il a plu
Imparfait	il fallait	il pleuvait
Futur simple	il faudra	il pleuvra
Impératif		
Conditionnel présent	il faudrait	il pleuvrait
Subjonctif présent	il faille	il pleuve

Tests

Test 1 — Les noms, les déterminants, les adjectifs
→ leçons 1 à 10

1 Soulignez la proposition qui convient. ... / 5
a. Carmen, c'est une [musicien / musicienne].
b. Jeanne, c'est une [infirmier / infirmière].
c. Ben et Paul, ce sont des [danseurs / danseuses].
d. Alice, c'est une [directeur / directrice].
e. Louis, c'est un [boulanger / boulangère].

2 Complétez avec les noms au pluriel. ... / 5
a. Tu connais les [château] .... de la Loire ?
b. Léo a mal aux [œil] ....
c. Où sont les [clé] .... de la salle 212 ?
d. Vous avez des [animal] .... ?
e. Tu aimes les [œuf] .... au lait ?

3 Transformez les phrases au féminin. ... / 5
a. Mon ami est grand, brun et sportif.
→ ....
b. Son petit frère est mignon et gentil.
→ ....
c. Ton père est un homme cultivé mais fier.
→ ....
d. Leur petit-fils est italien et espagnol.
→ ....
e. Votre oncle est finlandais ou suédois ?
→ ....

4 Soulignez l'article qui convient. ... / 6
Dimanche, c'est [la / une / de la] fête des écoles. On cherche [les / des / de] parents pour nous aider à installer [les / des / de] stands. Nous n'avons pas assez [des / des / de] bénévoles pour organiser [l' / une / de l'] événement dans [les / des / de] bonnes conditions.

5 Formez des groupes nominaux. ... / 5
a. [mari - directrice]
→ ....
b. [clés - voiture]
→ ....
c. [porte - garage]
→ ....
d. [ordinateur - enseignant]
→ ....
e. [livres - étudiants]
→ ....

6 Associez ... / 4
a. Ce • • 1. album est original.
b. Cette • • 2. pièce est merveilleuse.
c. Cet • • 3. film est triste.
d. Ces • • 4. chansons sont belles.

7 Formez des groupes nominaux. ... / 5
a. [joli / un / rouge / chemisier]
→ ....
b. [une / ville / petite / animée]
→ ....
c. [japonais / repas / bon / un]
→ ....
d. [étudiant / un / roumain / nouvel]
→ ....
e. [de / yeux / bleus / beaux]
→ ....

8 Soulignez la proposition qui convient. ... / 5
a. Tu fais du judo [chaque / tous les] mardis ?
b. On a [un peu de / quelques] travail.
c. Vous avez [la même / plusieurs] solutions.
d. On n'a [aucun / un peu de] problème.
e. Je vais à la poste [chaque / tous les] jour.

TOTAL : ...... / 40

Test 2 — Les pronoms (1)
→ leçons 11 à 13

1 Associez. .../ 5

a. Moi,
b. Toi,
c. Nous,
d. Vous,
e. Eux,

1. tu vas bien ?
2. vous venez à quelle heure ?
3. je suis canadienne.
4. ils travaillent dur.
5. on part en Turquie.

2 Complétez avec un pronom tonique. .../ 5

a. — C'est toi qui m'as téléphoné ?
— Oui, c'est ....

b. — Ce sont tes parents qui ont écrit ?
— Oui, ce sont ....

c. — C'est François qui t'a donné des conseils ?
— Oui, c'est ....

d. — Ce sont tes sœurs qui t'ont rendu visite ?
— Oui, ce sont ....

e. — C'est vous les deux nouvelles étudiantes ?
— Oui, c'est ....

3 Remplacez les mots en gras par un pronom sujet ou tonique. .../ 5

a. Je pars avec **ton frère et toi** ?
→ ....

b. **Maëva et moi** adorons le surf.
→ ....

c. On va chez **Mme Cros et ses enfants**.
→ ....

d. **Tania** va avoir 30 ans.
→ ....

e. **Julien et vous** habitez à Monaco.
→ ....

4 Soulignez le pronom qui convient. .../ 5

a. Tu connais la femme [qui / que] est à côté de Diane ?
b. Où est le croissant [qui / que] tu as acheté ?
c. Voici la maison [que / où] j'ai passé mon enfance.
d. On va dans le restaurant [qui / où] est rue Foch.
e. J'ai aimé le musée [que / où] j'ai visité.

5 Complétez avec *qui, que, où*. .../ 5

Nous habitons un quartier .... nous aimons beaucoup. C'est un quartier .... il y a beaucoup de magasins mais aussi des parcs. Il y a un centre culturel .... propose des activités variées : de la danse, des cours de théâtre, de la musique, etc. Il y a aussi un centre de loisirs pour les enfants .... ont moins de 12 ans. C'est un quartier .... nous nous sentons bien.

6 Associez. .../ 5

a. Celui que
b. Ceux de
c. Celles en
d. Celle que
e. Celui où

1. Julia sont plus jeunes.
2. argent sont plus chères.
3. j'aime est verte.
4. on a déjeuné est meilleur.
5. tu as acheté est plus beau.

7 Complétez les réponses avec les pronoms *celui, celle, ceux, celles* et *qui, que, où*. .../ 10

a. — Dans quel restaurant veux-tu dîner ?
— Dans .... on est allés samedi.

b. — J'aime bien cette bague et toi ?
— Oui, c'est .... je préfère.

c. — Elles sont excellentes ces pâtisseries.
— Moi, je préfère .... je fais.

d. — Tu as de nouveaux vêtements ?
— Non, ce sont .... je portais l'année dernière.

e. — Qui est le meilleur cuisinier ?
— Boris est .... cuisine le mieux.

TOTAL : ...... / 40

Test 3 — Les pronoms (2)
→ leçons 14 à 17

1 Soulignez la proposition qui convient. ... / 5

a. Tu parles à Jean ?
Tu [lui / leur] parles ?

b. Elles saluent John et Lola.
Elles [les / leur] saluent.

c. Il appelle souvent son frère.
Il [l' / les] appelle souvent.

d. Vous écrivez à vos amis ?
Vous [lui / leur] écrivez ?

e. On ne regarde pas la télévision.
On ne [la / lui] regarde pas.

2 Complétez avec un pronom complément. ... / 5

a. Où est Sophie ? Je ne .... vois pas !
b. Nous sommes en retard. Tu peux .... attendre ?
c. Si vous voyez Pablo, vous .... direz bonjour !
d. Leurs voisins ? Elles ne .... connaissent pas !
e. Tristan, je .... demande de t'assoir !

3 Soulignez la proposition qui convient. ... / 5

a. Voilà du gâteau. Tu [le / en] veux ?
b. J'adore Paris. J' [y / en] vais souvent.
c. Piotr et Xénia ? Nous [en / les] aimons bien.
d. Elle adore les chats, elle [les / en] a deux.
e. Nos examens ? On [y / leur] pense beaucoup.

4 Remplacez les mots en gras par un pronom complément. ... / 5

a. Tu as acheté **du pain** ?
→ ....

b. Vous prendrez **le bus** à 7 h 15.
→ ....

c. Elle est montée **au grenier**.
→ ....

d. On ne regardait pas **la télé**.
→ ....

e. Elle écrira **à ses parents** ?
→ ....

5 Répondez avec un pronom complément. ... / 5

a. — Tu as peur des araignées ?
— Oui, je ....

b. — Il s'intéresse à l'actualité ?
— Non, il ....

c. — Vous vous souvenez de mes enfants ?
— Oui, nous ....

d. — Tu reparleras de ce problème ?
— Non, je ....

e. — Elle pense beaucoup à sa famille ?
— Oui, elle ....

6 Remettez les mots dans l'ordre. ... / 5

a. [ne / l' / pas / elle / a / pris]
→ ....

b. [disputer / on / se / de / vient]
→ ....

c. [téléphonerai / je / vous / demain]
→ ....

d. [réfléchir / allons / nous / y]
→ ....

e. [demander / vas / lui / tu / pas / ne]
→ ....

7 Écrivez les phrases à l'impératif en remplaçant les mots soulignés par un pronom complément. ... / 5

a. [Tu - ne pas regarder - ce film !]
→ ....

b. [Nous - ne pas aller - dans cette ville !]
→ ....

c. [Vous - prendre - du thé !]
→ ....

d. [Vous - ne pas manger - ces bonbons !]
→ ....

e. [Tu - aller - dans ce musée !]
→ ....

8 Complétez avec le pronom complément qui convient. ... / 5

Salut Sandro, tu te souviens de .... ? On a parlé cinéma et tu .... as donné ton courriel. Ce soir, je vais voir le dernier Dolan. Si tu ne .... as pas encore vu, on peut .... aller ensemble. Je .... donne mon numéro : c'est le 06 87 43 21 35. À plus !

TOTAL : ...... / 40

Test 4 — Les prépositions
→ leçons 18 et 19

1 Complétez avec à ou de. .../ 5
a. Je suis né .... Paris.
b. Il revient .... Alger samedi.
c. Mon mari est originaire .... Lyon.
d. Tu travailles .... Montréal ?
e. Elle va étudier .... Osaka.

2 Cochez la proposition qui convient. .../ 5
a. Elle rentre ..... Canada.
☐ de ☐ du ☐ en
b. On va déménager ..... Autriche.
☐ au ☐ de ☐ en
c. Le vol CX 902 arrive ..... Philippines.
☐ de ☐ des ☐ en
d. On revient ..... Thaïlande.
☐ de ☐ de la ☐ du
e. Je pars une semaine ..... Mexique.
☐ au ☐ de ☐ en

3 Associez. .../ 4
a. Je suis au   1. agence.
b. Il est parti aux   2. banque.
c. Elle vient de la   3. bureau.
d. On sort de l'   4. toilettes.

4 Soulignez la proposition qui convient (Ø = pas de préposition). .../ 6
a. Tu as coché [Ø / à / de] la mauvaise case.
b. Il a peur [Ø / aux / des] araignées.
c. J'ai demandé [Ø / à / au] Mme Lopez.
d. Dis merci [Ø / à / au] monsieur !
e. J'ai envie [Ø / à / d'] un voyage au Japon.
f. Vous connaissez [Ø / à / de] M. Morel ?

5 Récrivez la phrase en remplaçant le mot en gras par le verbe proposé. .../ 5
a. On a réussi **la réparation**. [réparer le vélo]
→ ....
b. Ma fille apprend **la natation**. [nager]
→ ....
c. Il veut arrêter **son travail**. [travailler]
→ ....
d. Elle va commencer **la lecture**. [lire]
→ ....
e. Vous devez éviter **la marche**. [marcher]
→ ....

6 Complétez avec à ou de. .../ 5
Il s'excuse .... arriver en retard et dit qu'il a oublié .... nous prévenir. Mais je n'arrive pas .... comprendre pourquoi il a décidé .... venir et pourquoi il tient .... être présent !

7 Soulignez les éléments qui conviennent. .../ 5
a. J'ai vu [une fille / à une fille - courir / de courir].
b. J'ai promis [Alka / à Alka - l'inviter / de l'inviter].
c. Il a obligé [son fils / à son fils - à venir / de venir].
d. Dites [M. Leroy / à M. Leroy - entrer / d'entrer].
e. Invitez [les clients / aux clients - s'inscrire / à s'inscrire].

8 Complétez avec des prépositions ou le signe Ø. .../ 5
J'ai rencontré un touriste indien .... aéroport. C'était la première fois qu'il venait .... Paris. J'ai aidé .... ce monsieur .... prendre le train. Il m'a remercié .... l'avoir aidé.

TOTAL : ...... / 40

Test 5 — Les adverbes
→ leçons 20 et 21

1 Récrivez les phrases en plaçant l'adverbe. ... / 5
a. Vous ne mangez pas ? [assez]
→ ....
b. Elle travaille trop. [beaucoup]
→ ....
c. Vous n'habitez pas loin. [très]
→ ....
d. Nous ne lisons pas. [bien]
→ ....
e. Tu parles vite. [trop]
→ ....

2 Transformez aux temps indiqués. ... / 5
a. Tu dors assez ? [passé composé]
→ ....
b. Nous déménageons loin. [passé récent]
→ ....
c. Je m'amuse bien ! [futur proche]
→ ....
d. Vous rêvez toujours de voyager ? [passé composé]
→ ....
e. Elle vit vraiment en Inde ? [futur proche]
→ ....

3 Soulignez la proposition qui convient (Ø = pas d'adverbe). ... / 5
a. Elle est [très / beaucoup] bonne, cette soupe !
b. Pourquoi es-tu [très / beaucoup] joyeuse ?
c. Ce gâteau est [Ø / très] délicieux.
d. J'ai [très / trop] mangé. Je me sens mal !
e. Allez voir ce film qui est [Ø / très] excellent.

4 Remettez les mots dans l'ordre. ... / 5
a. [assez / nous / n' / avons / parlé / pas]
→ ....
b. [travaille / de la gare / loin / je / ne / pas]
→ ....
c. [la leçon / pas / n' / bien / ont / ils / compris]
→ ....
d. [va / Matilda / se coucher / ne / pas / tard]
→ ....
e. [beaucoup / vous / pas / n' / avez / dansé]
→ ....

5 Complétez avec les adverbes proposés. ... / 5
[jamais - très - bien - assez - loin]
— Tu ne te sens pas .... ?
— Si, ça va, mais je suis .... inquiet : je n'ai pas .... étudié pour le test et je l'ai raté ce matin.
— On ne réussit .... tous les tests.
— Tu as raison ! En plus, ce matin, je suis arrivé en retard : j'habite trop .... de l'école !

6 Cochez la proposition qui convient. ... / 5
a. Pablo est un ..... étudiant que Yusuke.
☐ mieux   ☐ meilleur
b. Moi, j'aime ..... les fraises que les framboises.
☐ mieux   ☐ meilleures
c. Ce livre est ..... que le précédent.
☐ moins bien   ☐ meilleure
d. Tu dors ..... qu'avant ?
☐ aussi bon   ☐ mieux
e. Elle danse ..... que sa sœur.
☐ moins bonne   ☐ moins bien

7 Faites des phrases avec un comparatif. ... / 10
a. [+] [Je suis - grande - toi.]
→ ....
b. [-] [Elle parle - bien - son frère.]
→ ....
c. [+] [Léa téléphone - régulièrement - Marta.]
→ ....
d. [=] [La tour Eiffel est - célèbre – Notre-Dame.]
→ ....
e. [-] [La campagne est - stressante - la ville.]
→ ....

TOTAL : ...... / 40

Test 6 — La négation
→ leçon 22

1 Soulignez la proposition qui convient. ... / 6
a. Non, merci je ne bois pas [de / du] café.
b. Ne prends pas [de / le] train, prends l'avion !
c. Ce n'est pas [de / du] bois, c'est du plastique.
d. Ils n'ont pas [de / de la] chance !
e. Non, je n'aime pas [de / le] ski.
f. Elle ne porte pas [de / des] lunettes.

2 Cochez la réponse qui convient. ... / 6
a. - Il y a une épicerie dans ta rue ?
☐ - Oui, mais pas une boulangerie.
☐ - Oui, mais pas de boulangerie.
b. - Elle aime les légumes ?
☐ - Oui, mais pas de tomates.
☐ - Oui, mais pas les tomates.
c. - Il a une sœur ?
☐ - Oui, mais pas un frère.
☐ - Oui, mais pas de frère.
d. - Vous avez un vélo ?
☐ - Oui, mais pas une voiture.
☐ - Oui, mais pas de voiture.
e. - Tu veux du sucre ?
☐ - Oui, mais pas de lait.
☐ - Oui, mais pas du lait.
f. - Vous avez visité le château ?
☐ - Oui, mais pas de musée.
☐ - Oui, mais pas le musée.

3 Écrivez les phrases à la forme négative avec ne... pas. ... / 6
a. Oui, on a des enfants.
Non, ...
b. Oui, elle connaît la ville.
Non, ...
c. Oui, j'ai une question.
Non, ...
d. Oui, c'est la bonne réponse.
Non, ...
e. Oui, elle mange du pain le matin.
Non, ...
f. Oui, il fait du sport.
Non, ...

4 Écrivez à la forme négative avec personne ou rien. ... / 6
a. Je connais quelqu'un ici.
→ ....
b. Tu entends quelque chose ?
→ ....
c. Elle a rencontré quelqu'un à Brasilia.
→ ....
d. Ils ont acheté quelque chose ?
→ ....
e. Elle veut voir quelqu'un ce soir.
→ ....
f. Je vais donner quelque chose aux enfants.
→ ....

5 Écrivez les phrases au passé composé. ... / 6
a. Il ne comprend pas la question.
→ ....
b. Tu ne manges rien ?
→ ....
c. Elle ne répond jamais à mes messages.
→ ....
d. Vous ne voyez personne ?
→ ....
e. Elle n'a pas de chance.
→ ....
f. Il n'écoute plus la radio.
→ ....

6 Répondez avec la forme proposée. ... / 10
a. - Tu as revu Nathalie ? [ne... jamais]
- Non, ...
b. - Tu veux du jus de fruit ? [ne... pas]
- Non, ...
c. - Tu as aimé le film ? [ne... pas]
- Non, ...
d. - Tu veux aller au Mexique ? [ne... plus]
- Non, ...
e. - Tu as mangé un croissant ? [ne... jamais]
- Non, ...

TOTAL : ...... / 40

Test 7 — Les phrases interrogatives
→ leçons 23 à 25

1 Cochez la réponse qui convient. ... / 5
a. Qui est-ce que tu écoutes ?
☐ Un rappeur célèbre.   ☐ Du rap.
b. Est-ce que tu peux m'aider ?
☐ Oui, bien sûr !   ☐ Si, bien sûr !
c. Qu'est-ce qui passe au théâtre ?
☐ Une pièce de Molière.   ☐ Un humoriste.
d. Qui est-ce qui vous a plu dans ce film ?
☐ Le jeu des acteurs.   ☐ L'acteur principal.
e. Tu n'aimes pas cet écrivain ?
☐ Si, je l'aime bien.   ☐ Oui, je l'aime bien.

2 Complétez avec un pronom interrogatif. ... / 5
a. — .... enfants avez-vous ?
— Deux : Paul et Luna.
b. — .... est-ce que tu pars en vacances ?
— Fin juillet.
c. — .... vient ce gâteau ?
— De la pâtisserie du centre-ville.
d. — .... est-ce que tu es inquiet ?
— Parce que j'ai trop de travail !
e. — .... est-il malade ?
— Depuis mardi dernier.

3 Écrivez des questions avec les éléments proposés. ... / 5
a. [il vient avec nous] [est-ce que]
→ ....
b. [tu as du temps] [inversion sujet-verbe]
→ ....
c. [ils sont en colère] [inversion sujet-verbe]
→ ....
d. [je peux vous téléphoner] [est-ce que]
→ ....
e. [on peut vous aider] [inversion sujet-verbe]
→ ....

4 Transformez avec l'inversion sujet-verbe. ... / 5
a. Est-ce que tu es allée au cinéma hier ?
→ ....
b. Elle va prendre le train ?
→ ....
c. Vous venez d'arriver ?
→ ....
d. Est-ce qu'il a payé le taxi ?
→ ....
e. Tu vas acheter le journal ?
→ ....

5 Transformez en deux phrases interrogatives différentes. ... / 10
a. Vous pouvez parler ?
→ ....
→ ....
b. Qu'est-ce que vous souhaitez savoir ?
→ ....
→ ....
c. Quand est-ce que vous avez décidé de les aider ?
→ ....
→ ....
d. Elle a combien d'enfants ?
→ ....
→ ....
e. Ont-ils trouvé du travail ?
→ ....
→ ....

6 Soulignez la proposition qui convient. ... / 5
a. Dans [quel / lequel] magasin l'as-tu acheté ?
b. Deux jupes ! [Laquelle / Quelle] veux-tu ?
c. Dans [quel / lequel] film joue cet acteur ?
d. Cinq CD ! [Lesquels / Quels] souhaites-tu écouter ?
e. En [quelle / laquelle] année est-elle née ?

7 Complétez avec *quel, quelle, lesquelles, auquel...* ... / 5
— Je voudrais deux livres. .... me conseillez-vous ?
— Vous lisez .... genre de livres ?
— Des romans policiers.
— .... préférez-vous ?
— Ceux des auteurs scandinaves. .... pensez-vous ?
— À ceux de Liza Marklund.
— Elle est de .... nationalité ?

TOTAL : ...... / 40

Test 8 — Les phrases complexes
→ leçons 26 à 28

1 Associez. … / 5
a. Il me demande si
b. Il me demande ce que
c. Il me demande comment
d. Il me demande ce qui
e. Il me demande de

1. me taire.
2. elle peut venir.
3. je m'appelle.
4. ce mot veut dire.
5. se passe.

a	b	c	d	e
…	…	…	…	…

2 Transformez au discours indirect. … / 5
a. Ella dit à sa fille : « Mange des légumes ! »
→ ....
b. Juan demande à Fanny : « Tu pars quand ? »
→ ....
c. Le directeur déclare : « L'entreprise va fermer. »
→ ....
d. Lou demande à Elie : « Quel est l'âge de Sara ? »
→ ....
e. La chanteuse annonce : « C'est mon dernier disque. »
→ ....

3 Soulignez la proposition qui convient. … / 5
a. Tu veux savoir [si / ce que] j'ai fait hier ?
b. Zhou me demande [où / ce que] nous allons.
c. Il demande [si / ce que] vous pouvez les aider.
d. Ils veulent savoir [ce qui / où] nous étudions.
e. Je ne sais pas [si / ce qui] j'ai réussi.

4 Cochez la proposition qui convient. … / 5
a. J'ai bien compris ….. ton aide.
☐ parce que   ☐ grâce à   ☐ à cause de
b. On économise de l'argent ….. voyager.
☐ parce que   ☐ pour   ☐ donc
c. Il aime la viande ….. il déteste le poisson.
☐ mais   ☐ parce que   ☐ donc
d. Nous ne viendrons pas ….. la neige.
☐ parce que   ☐ grâce à   ☐ à cause de
e. Je ne fais pas de sport. ….. je joue du piano.
☐ Par contre,   ☐ Donc   ☐ Parce que

5 Écrivez les phrases avec un articulateur logique (plusieurs possibilités). … / 10
a. [Je suis inquiet - mes mauvaises notes (cause)]
→ ....
b. [Il mange bien - il est maigre (opposition)]
→ ....
c. [Nous faisons du sport - rester en forme (but)]
→ ....
d. [On sort tard - on est fatigués (conséquence)]
→ ....
e. [Tu ne dors pas - tu bois du café (cause)]
→ ....

6 Transformez les phrases avec si. … / 10
a. Vous avez plus de 60 ans. Vous avez une réduction.
→ ....
b. Téléphone-moi. Tu as un problème.
→ ....
c. Je gagne au loto. Je ferai un beau voyage.
→ ....
d. Elles n'iront pas à la plage. Il pleut.
→ ....
e. Nous sommes en retard. Nous ne verrons pas le concert.
→ ....

TOTAL : …… / 40

Test 9 — Le présent
→ leçons 29 à 34

1 Écrivez les terminaisons du présent. ... / 5
a. Tu cherch............ la rue d'Alsace ?
b. Nous nous réveill............ tôt.
c. Vous habit............ loin ?
d. Je ne travaill............ pas beaucoup.
e. Elles se dépêch............ .

2 Associez. ... / 5
a. On
b. Je
c. Ils
d. Vous
e. Nous

1. finis bientôt.
2. nous sentons bien.
3. venez avec nous ?
4. lui offre des fleurs.
5. partent demain.

3 Soulignez la proposition qui convient. ... / 5
a. Je [veux / veut] dormir.
b. Nous [peuvent / pouvons] venir.
c. Elles [doivent / doit] travailler.
d. Je ne [sait / sais] pas.
e. Vous [voulez / veulent] du pain ?

4 Cochez la proposition qui convient. ... / 5
a. On ..... heureux.
☐ suis   ☐ est   ☐ es
b. Nous ..... du temps.
☐ ont   ☐ avons   ☐ ai
c. Ils ne ..... pas de sport.
☐ faisons   ☐ font   ☐ faites
d. Il ..... à la piscine.
☐ va   ☐ vas   ☐ vont
e. Vous ..... allemand ?
☐ es   ☐ est   ☐ êtes

5 Conjuguez les verbes au présent. ... / 5
a. Ils [prendre] .... l'avion.
b. On [attendre] .... nos amis.
c. Vous [boire] .... un café ?
d. Tu [vendre] .... ta voiture ?
e. Nous [vivre] .... en ville.

6 Complétez la grille en conjuguant les verbes au présent. ... / 5
a. [être - nous]
b. [savoir - je]
c. [sortir - on]
d. [mettre - je]
e. [aller - tu]

7 Conjuguez les verbes au présent. ... / 5
Le samedi, je [ne jamais se lever] .... avant 10 h. Je [prendre] .... mon petit-déjeuner puis, avec ma femme, nous [se promener] .... souvent en centre-ville jusqu'à 14 h. Nos enfants [ne pas aimer] .... venir avec nous. Ils [se reposer] .... ou ils sortent avec leurs amis.

8 Transformez les phrases. ... / 5
a. Tu connais Istanbul ?
→ Vous .... ?
b. Tu ne réfléchis pas assez.
→ Ils ....
c. Ils ne doivent pas sortir.
→ Nous ....
d. Nous dormons mal.
→ On ....
e. Je vous crois.
→ Nous ....

TOTAL : ...... / 40

Test 10 — Le passé récent, le futur proche et le futur simple

→ leçons 35 et 36

1 Soulignez la proposition qui convient. ... / 5
a. Nous [va / allons] partir dans cinq minutes.
b. Je [allons / vais] vous accompagner.
c. Les clients [va / vont] adorer cet article.
d. Enzo [vas / va] faire un concert.
e. Tu [vais / vas] y aller ?

2 Conjuguez les verbes au futur proche. ... / 5
a. Je [participer] .... à cette activité.
b. Nous [ne pas pouvoir] .... vous aider.
c. Il [dire] .... la vérité.
d. Ils [passer] .... les fêtes avec nous.
e. Vous [ne pas venir] .... ?

3 Remettez les mots dans l'ordre. ... / 5
a. [allons / nous / nous / tard / lever]
→ ....
b. [promener / elles / pas / vont / ne / se]
→ ....
c. [va / Zoé / animer / est-ce que / la réunion ?]
→ ....
d. [beau / pas / faire / ne / il / va]
→ ....
e. [vais / je / lire / le journal]
→ ....

4 Cochez la proposition qui convient. ... / 5
a. Je ..... de lui donner.
☐ vient   ☐ viens   ☐ venons
b. Il ..... de démissionner.
☐ viennent   ☐ venez   ☐ vient
c. On ..... de signer le contrat.
☐ vient   ☐ venons   ☐ viennent
d. Ils ..... de nous donner leur accord.
☐ viennent   ☐ vient   ☐ venez
e. Vous ..... de remporter le concours.
☐ venons   ☐ venez   ☐ viens

5 Conjuguez les verbes au passé récent. ... / 5
a. Le facteur [passer] ....
b. Ils [avoir] .... une petite fille.
c. Nous [s'inscrire] .... en master.
d. Je [téléphoner] .... à Isabelle.
e. On [vendre] .... notre maison.

6 Associez. ... / 5
a. Mes voisins   1. devrai partir plus tôt.
b. Tu   2. connaîtras les résultats ?
c. Nous   3. seront présents.
d. Elle   4. étudiera le droit.
e. Je   5. dînerons chez eux.

a	b	c	d	e
......	......	......	......	......

7 Écrivez les terminaisons du futur simple. ... / 5
a. Ils visiter......... ce musée.
b. Vous comprendr......... plus tard.
c. Nous essayer......... de venir.
d. Il pleuvr......... certainement.
e. Je régler......... la note.

8 Récrivez les phrases au futur simple. ... / 5
a. Elle va aller à Nantes.
→ ....
b. Vous allez venir nous voir ?
→ ....
c. Ils vont se marier en Italie.
→ ....
d. Tu vas prendre ta voiture ?
→ ....
e. Nous allons les recevoir.
→ ....

TOTAL : ...... / 40

Test 11 — L'imparfait et le passé composé
→ leçons 37 à 40

1 Cochez l'auxiliaire qui convient. ... / 5
a. Il s' ..... couché à minuit.
☐ a   ☐ est
b. Nous ..... marché dans la forêt.
☐ avons   ☐ sommes
c. Ils ..... revenus de Caracas.
☐ ont   ☐ sont
d. Vous ..... pris le bus ?
☐ avez   ☐ êtes
e. Tu ..... été contente de le voir ?
☐ as   ☐ es

2 Complétez la grille avec le participe passé des verbes. ... / 5
a. [ouvrir]   b. [sortir]   c. [descendre]
d. [comprendre]   e. [perdre]

3 Soulignez la proposition qui convient. ... / 5
a. Elles sont [allé / allés / allées] à la piscine.
b. J'ai [reçu / reçus / reçues] trois lettres.
c. La nouvelle est [arrivé / arrivée / arrivées] hier.
d. Ils ont [divorcé / divorcés / divorcées].
e. Elle n'a pas [fini / finis / finies] son jeu.

4 Associez. ... / 5
a. Elles ont
b. Elles sont
c. M. Faure et elles sont
d. Carla est
e. On s'est

1. restée chez elle.
2. beaucoup amusées.
3. partis hier matin.
4. fermé les portes.
5. rentrées très tôt.

a	b	c	d	e
...	...	...	...	...

5 Conjuguez les verbes au passé composé. ... / 5
a. Elle [se réveiller] .... à 4 h.
b. Tu [grossir] ...., non ?
c. Qu'est-ce que tu lui [offrir] .... ?
d. Ils [s'assoir] .... par terre.
e. Tout [se passer] .... sans problème.

6 Remettez les mots dans l'ordre. ... / 5
a. [à Florian / parler / a / il / n' / pas / pu]
→ ....
b. [pas / nous / nous / perdus / ne / sommes]
→ ....
c. [on / ne / pas / s' / amusées / est / chez Lola]
→ ....
d. [je / voulu / ai / la déranger / n' / pas]
→ ....
e. [ne / pas / vus / s' / est / on / depuis le lycée]
→ ....

7 Récrivez les phrases à l'imparfait. ... / 5
a. Oh là là, nous sommes inquiets !
→ ....
b. Pardon, on ne sait pas.
→ ....
c. Qu'est-ce que tu bois ?
→ ....
d. Les voisins font du bruit.
→ ....
e. Il commence à faire froid.
→ ....

8 Écrivez les verbes au passé composé ou à l'imparfait. ... / 5
Quand Mme Guérin [rentrer] .... vers 21 h, elle [ne pas voir] .... de lumière. Étrange... La porte d'entrée [être ouverte] .... et elle [ne pas entendre] .... de bruit. Puis, tout à coup, ses amis [crier] .... « surprise » !

TOTAL : ...... / 40

Test 12 — Les modes
→ leçons 41 à 43

1 Écrivez les terminaisons du conditionnel. ... / 5
a. Nous voudr............ lui parler.
b. J'aimer............ que tu viennes.
c. Il souhaiter............ nous voir.
d. Il faud............ le prévenir.
e. Vous pourr............ lui téléphoner ?

2 Transformez les phrases au conditionnel. ... / 5
a. Nous pouvons passer par là.
→ ....
b. On veut venir avec toi.
→ ....
c. Est-ce que vous avez l'heure ?
→ ....
d. Je souhaite aller à New-York.
→ ....
e. Ils préfèrent aller à l'hôtel.
→ ....

3 Associez. ... / 5
a. Je veux qu'elle   1. fermes la porte.
b. Il faut que tu   2. allions au cinéma.
c. On voudrait que vous   3. nous aidiez.
d. J'aimerais que nous   4. étudie plus.
e. Je souhaite qu'ils   5. soient heureux.

a	b	c	d	e
..	..	..	..	..

4 Faites des phrases avec les mots proposés. ... / 5
a. [je ne veux pas - tu - sortir]
→ ....
b. [il faudrait - on - partir à 7 h]
→ ....
c. [je souhaite - ils - venir me voir]
→ ....
d. [elle voudrait - je - lui faire un gâteau]
→ ....
e. [on aimerait - vous - nous accompagner]
→ ....

5 Complétez avec les verbes au subjonctif ou à l'infinitif. ... / 5
Steph,
Samedi, c'est mon anniversaire. Je voudrais que tu m' [aider] .... à organiser la soirée. Est-ce que tu pourrais [demander] .... à Fanny de nous rejoindre ? J'aimerais qu'elle [être] .... là. Il faudrait que tu [venir] .... tôt pour m'aider à installer les tables. Tu peux me [retrouver] .... vers 18 h ? Merci beaucoup ! Jennifer

6 Complétez la grille en conjuguant les verbes à l'impératif. ... / 5
a. [savoir - tu] b. [venir - tu] c. [prendre - tu]
d. [avoir - vous] e. [être - tu]

7 Transformez à l'impératif affirmatif ou négatif. ... / 5
a. Dis-lui la vérité !
→ ....
b. N'y va pas !
→ ....
c. Téléphonez-moi ce soir !
→ ....
d. N'en achète pas !
→ ....
e. Regarde-le !
→ ....

8 Conjuguez les verbes à l'impératif. ... / 5
a. On est fatigués. [partir] .... !
b. Léo, [ne pas rentrer] .... tard !
c. Lola et Fred, [venir] .... me voir !
d. Madame, [ne pas prendre] .... à droite !
e. Isa, [s'amuser] .... bien !

TOTAL : ...... / 40

Corrigés

Corrigés et transcriptions

1 Les noms : masculin et féminin .... p. 8-9

● **Exercice 1**

> **Transcription**
> **a.** étudiante
> **b.** Bretonne
> **c.** directrice
> **d.** danseur
> **e.** invité(e)
> **f.** infirmière
> **g.** informaticien
> **h.** pianiste
> **i.** ami(e)
> **j.** princesse
> **k.** championne
> **l.** épicier

masculin : d, e, g, h, i, l
féminin : a, b, c, e, f, h, i, j, k

● **Exercice 2**

a. une cliente **b.** une pianiste **c.** une dentiste **d.** une amie **e.** une voisine **f.** une lionne **g.** une collègue **h.** une étudiante

● **Exercice 3**

a. un touriste **b.** un retraité **c.** un avocat **d.** un malade **e.** un marié **f.** un employé **g.** un marchand **h.** un gagnant

● **Exercice 4**

C	H	A	N	T	E	U	S	E	I	I
B	O	U	C	H	È	R	E	S	N	D
O	N	M	Z	E	Z	Z	T	U	F	I
U	A	I	É	Z	Z	I	Z	E	I	R
L	Z	Z	Z	D	Z	Z	S	R	R	E
A	A	C	T	R	I	C	E	N	M	C
N	F	Z	Z	N	Z	E	Z	A	I	T
G	E	Z	Z	Z	R	O	M	N	D	È	R
È	Z	C	Z	Z	N	Z	Z	N	R	I
R	V	E	N	D	E	U	S	E	E	C
E	E	S	U	E	F	F	I	O	C	E

Mot à créer : informaticienne

● **Exercice 5**

Moi aussi, je voudrais être championne de tennis, boulangère, actrice, bijoutière, coiffeuse, princesse, comédienne, peintre...

2 Les noms : singulier et pluriel .... p. 10-11

● **Exercice 1**

a. Pour mon anniversaire, je voudrais avoir des jeux de société, des ballons, des bateaux, des voitures, des gâteaux au chocolat.
b. Au zoo, je voudrais voir des animaux, des éléphants, des tigres, des oiseaux, des girafes.

● **Exercice 2**

a. sous **b.** bijoux **c.** choux **d.** cous **e.** bisous **f.** kangourous **g.** trous

● **Exercice 3**

a. les cous **b.** les cadeaux **c.** les festivals **d.** les jeux **e.** les bijoux

● **Exercice 4**

a. Mesdames - messieurs **b.** des œufs - des gâteaux **c.** les prix - deux articles **d.** aux yeux - des médicaments **e.** quatre pays - cinq villes **f.** Les châteaux - les musées

3 Les articles définis et indéfinis .... p. 12-13

● **Exercice 1**

> **Transcription**
> **a.** Je cherche une banque.
> **b.** Tu connais les voisins ?
> **c.** J'ai un problème.
> **d.** L'exercice est facile.
> **e.** Tu veux des fraises ?
> **f.** Je ne comprends pas la phrase.
> **g.** Où sont les toilettes ?
> **h.** J'ai acheté le journal.
> **i.** Vous avez des questions ?

un, une : a, c
des : e, i
le, la, l' : d, f, h
les : b, g

● **Exercice 2**

a. le **b.** la **c.** les **d.** l' **e.** la **f.** le **g.** les

● **Exercice 3**

a. des livres **b.** des personnes **c.** des ordinateurs **d.** des avions **e.** les clés **f.** les messages **g.** les maisons **h.** des idées

● **Exercice 4**

a. la réunion **b.** un vêtement **c.** l'enfant **d.** un chèque **e.** une erreur **f.** l'information **g.** une table

● **Exercice 5**

a. l' **b.** le **c.** le **d.** le - la **e.** les **f.** la **g.** l'

Exercice 6

l'anniversaire - des amis - une petite fête - Les amis - un cadeau - une idée - une boutique - des chaussures - les voyages - un billet d'avion - un week-end - la lecture - des livres

4 Les articles partitifs .... p. 14-15

Exercice 1

Transcription 🎧 10
a. Je vais à la boulangerie chercher **du** pain.
b. Il va au Brésil, il a **de la** chance.
c. Tu prends **du** sucre dans ton café ?
d. Cette année, on a eu **de la** neige à Nantes.
e. J'ai trouvé une enveloppe avec **de l'**argent à l'intérieur.
f. Elle aimerait faire **du** piano, mais ça coûte cher, non ?

du : a, c, f
de la : b, d
de l' : e

Exercice 2

a. du violon **b.** de l'escalade **c.** de la gymnastique **d.** de l'escrime **e.** du ski **f.** de la natation

Exercice 3

a. du - la **b.** le **c.** l' - de la **d.** du **e.** de la - du - de l' **f.** Le - de la **g.** du - le **h.** Le

Exercice 4

a. un **b.** du **c.** du - un **d.** du **e.** un - du **f.** du **g.** de la **h.** du - du

Exercice 5

a. pain / fromage **b.** football / vent **c.** eau / argent **d.** temps / courage **e.** volonté / patience **f.** salade / crème **g.** aviron / escrime **h.** sucre / beurre **i.** calme / courage

5 Les articles et la négation .... p. 16-17

Exercice 1

a. Je n'ai pas de voiture.
b. Tu ne veux pas de yaourt ?
c. Il n'a pas d'argent.
d. Elle ne mange pas de fruits.
e. Coralie n'a pas de travail.
f. Elle ne fait pas de natation.

Exercice 2

Transcription 🎧 13
a. – Vous transportez des cigarettes ?
– Non, je ne transporte pas de cigarettes.
b. – Vous avez de l'argent ?
– Non, je n'ai pas d'argent.
c. – Vous avez une bouteille d'eau ?
– Non, je n'ai pas de bouteille d'eau.
d. – Vous avez acheté du parfum ?
– Non, je n'ai pas acheté de parfum.
e. – Des cadeaux pour votre famille ?
– Non, pas de cadeaux pour ma famille.
f. – Des fruits ?
– Non, pas de fruits.
g. – Du chocolat ?
– Non, pas de chocolat.

Exercice 3

a. Oui, mais pas les tulipes.
b. Oui, mais pas d'amis.
c. Oui, mais pas les billets de train.
d. Oui, mais pas de fromage italien.
e. Oui, mais pas le thé.
f. Oui, mais pas d'imprimante.
g. Oui, mais pas de baignoire.
h. Oui, mais pas d'appartements.
i. Oui, mais pas la région.

6 Les adjectifs démonstratifs .... p. 18-19

Exercice 1

a. 1, 3 **b.** 4 **c.** 2 **d.** 8 **e.** 5 **f.** 6, 7

Exercice 2

a. ce **b.** ce **c.** ces **d.** cet **e.** cet **f.** cette

Exercice 3

a. Ce **b.** Cet **c.** Ces **d.** ce **e.** cette **f.** Cet

Exercice 4

A	C	E	T	T	E	B	I	N	O
C	H	A	U	S	S	U	R	E	S
E	I	V	O	I	T	U	R	E	C
C	E	S	P	A	H	O	M	M	E
M	N	E	N	T	P	O	I	R	T

a. cette voiture
b. ces chaussures
c. cet homme
d. ce chien

Exercice 5

Transcription
a. – Il connaît M. Baumard ?
– Non, il ne connaît pas cet homme.
b. – Elle a déjà mangé un macaron ?
– Non, elle n'a jamais mangé ce gâteau.
c. – Ils ont déjà regardé La Tour de Babel ?
– Non, ils n'ont jamais regardé ce film.
d. – Il parle arabe ?
– Non, il ne parle pas cette langue.
e. – Elles ont écouté le CD de Yannick Noah ?
– Non, elles n'ont pas écouté cet album.
f. – Elle étudie l'histoire de l'art ?
– Non, elle n'étudie pas cette matière.
g. – Il a visité l'Arc de Triomphe ?
– Non, il n'a pas visité ce monument.
h. – Ils ont acheté la bague ?
– Non, ils n'ont pas acheté ce bijou.

Exercice 6

a. ces fraises - ces framboises - ces abricots - ces fruits
b. ce pantalon - cette veste - cette veste - ce chemisier - ces chaussures

7 Les adjectifs possessifs .... p. 20-23

Exercice 1

Transcription
a. Tu as laissé ton parapluie chez moi.
b. Leur maison est très belle.
c. Notre nouveau canapé est gris.
d. Leurs enfants sont vraiment beaux !
e. Tes parents sont vraiment accueillants.
f. Mon amie est très amusante !
g. Tu as oublié ton livre de grammaire !
h. Sa robe est vraiment originale !

a. masculin, singulier b. féminin, singulier c. masculin, singulier d. masculin, pluriel e. masculin, pluriel f. féminin, singulier g. masculin, singulier h. féminin, singulier

Exercice 2

a. 1, 4 b. 3, 5 c. 2

Exercice 3

a. ma - mon b. vos c. mon - votre d. Leurs e. ton f. Sa g. ton - ma

Exercice 4

a. ma mère F, S b. votre fille F, S c. ton amie F, S d. son mari M, S e. nos frères M, P f. mon fils M, S g. sa copine F, S

Exercice 5

a. son b. Ta c. ton d. son - ses e. vos f. son g. votre h. ton

Exercice 6

a. son immense maison
b. ta meilleure amie
c. ma merveilleuse école
d. ton incroyable nouvelle
e. sa grosse erreur
f. ta petite auto
g. ton ancienne voisine
h. mon adorable fille

Exercice 7

a. – Son ami a 42 ans.
b. – Son adresse électronique est robertino@gmail.fr.
c. – Ses parents s'appellent Béatrice et Rémi.
d. – Son frère s'appelle Hidefumi.
e. – Son mari est avocat.
f. – Sa sœur a 25 ans.
g. – Son nom est Mercier.

Exercice 8

Transcription
a. – C'est le sac de Léo ?
– Oui, c'est son sac.
b. – Ce sont les parents de Gaëlle ?
– Oui, ce sont ses parents.
c. – C'est le copain de Marta ?
– Oui, c'est son copain.
d. – C'est la voiture de Virginie et Antoine ?
– Oui, c'est leur voiture.
e. – Ce sont les fils de Richard ?
– Oui, ce sont ses fils.
f. – C'est le dictionnaire de Natsumi ?
– Oui, c'est son dictionnaire.
g. – C'est la maison de Lisa et Sam ?
– Oui, c'est leur maison.
h. – Ce sont les chaussures de Tristan ?
– Oui, ce sont ses chaussures.

Exercice 9

ma maison - mes voisins - leur santé - leur petits-fils - ma fille - mes vêtements - mon mari - sa chemise - ses chaussons

8 La quantité indéterminée .... p. 24-25

Exercice 1

a. quelques ☑ b. plusieurs ☑ c. un peu de d. le même e. un autre f. chaque g. l'autre h. tout le i. beaucoup de ☑ j. toute la

Exercice 2

a. tous les b. Tout le c. toute la d. Toutes les e. tous les f. tout le

Exercice 3

a. chaque - tous les b. chaque - tous les c. chaque - tous les d. Tous les - Chaque

● **Exercice 4**

> **Transcription** 🔊 22
>
> **a.** – Marie a beaucoup de photos ?
> – Non, elle n'a aucune photo.
> **b.** – Noé et Tristan, ils lisent beaucoup de livres ?
> – Non, ils ne lisent aucun livre.
> **c.** – Tu as beaucoup de travail ?
> – Non, je n'ai aucun travail.
> **d.** – Lou, elle achète beaucoup de vêtements ?
> – Non, elle n'achète aucun vêtement.
> **e.** – Tu écoutes beaucoup de musique ?
> – Non, je n'écoute aucune musique.
> **f.** – Vos enfants mangent beaucoup de gâteaux ?
> – Non, ils ne mangent aucun gâteau.

9 L'accord des adjectifs qualificatifs .... p. 26-29

● **Exercice 1**

a. calme **b.** rêveuse **c.** sérieuse **d.** exceptionnelle **e.** vive **f.** bretonne

● **Exercice 2**

a. folle **b.** nouveau **c.** grosse **d.** belle **e.** nouvel **f.** vieille **g.** blanc **h.** gentille

● **Exercice 3**

E	N	E	S	I	A	L	G	N	A
D	A	O	A	L	C	O	L	O	U
N	M	U	I	U	T	U	E	U	U
A	O	E	U	R	U	D	T	O	M
R	U	U	A	O	E	R	I	I	S
G	R	N	O	F	L	Ô	T	T	P
G	E	N	T	I	L	L	E	A	O
U	U	D	U	È	E	E	P	L	R
O	S	U	O	R	O	U	O	I	T
H	E	U	R	E	U	S	E	E	I
C	H	È	R	E	O	E	U	N	V
U	O	M	I	G	N	O	N	N	E
É	T	R	A	N	G	È	R	E	O

Mot à créer : allemande

● **Exercice 4**

a. intelligents **b.** sérieux **c.** internationales **d.** régionales **e.** célèbres

● **Exercice 5**

a. Mes petites sœurs sont capricieuses, irresponsables mais elles sont aussi adorables.
b. Mes collègues sont travailleuses, optimistes, organisées et patientes.
c. Mes meilleures amies sont grandes et sportives. Elles sont drôles, cultivées mais elles ne sont pas toujours courageuses.
d. Je déteste mes voisines. Elles sont compliquées, menteuses et désagréables.
e. J'aime bien ces étudiantes. Elles sont sérieuses, dynamiques et agréables en cours. Par contre, elles sont un peu timides.
f. Les vendeuses sont serviables, gentilles, volontaires et drôles. Par contre, les boulangères sont insupportables et orgueilleuses.
g. Ces jeunes bénévoles sont généreuses, agréables, sympathiques, patientes et elles sont toujours joyeuses !

● **Exercice 6**

a. – Non, elles sont petites. **b.** – Non, ils sont nerveux. **c.** – Non, elles sont drôles. **d.** – Non, ils sont gentils. **e.** – Non, elles sont bruyantes. **f.** – Non, elles sont cubaines.

● **Exercice 7**

a. Audrey a les cheveux longs. Ils sont bruns et bouclés. Elle a les yeux noirs. Elle est sportive et belle.
b. Mélissa a les cheveux longs, ils sont blonds et raides. Elle a les yeux bleus. Elle est grande. Elle est belle.

10 La place de l'adjectif .... p. 30-31

● **Exercice 1**

> **Transcription** 🔊 27
>
> **a.** J'adore ta robe rouge.
> **b.** Il a les yeux bleus.
> **c.** Elle porte une jolie jupe.
> **d.** Hum, c'est du chocolat noir !
> **e.** J'habite au premier étage.
> **f.** C'est un étudiant japonais.
> **g.** Est-ce que tu as un autre pull ?
> **h.** Je viens de lire une belle histoire.

avant le nom : c, e, g, h
après le nom : a, b, d, f

● **Exercice 2**

les adjectifs en général : ouvertes, culturelles, colorés, âgées - ☑ après le nom
les adjectifs de couleur : verts, bleues, rouges, violets - ☑ après le nom
les adjectifs de nationalité : argentins, cubains, turcs - ☑ après le nom
les adjectifs numéraux : dix, quinze - ☑ avant le nom
les adjectifs courts : petites, belles - ☑ avant le nom

● **Exercice 3**

a. Il m'a offert des livres intéressants.
b. J'aime travailler avec des collègues sérieux.
c. Est-ce que tu as une autre proposition ?
d. Il t'a offert une jolie bague.

● **Exercice 4**

a. – Oui, il y a un gros problème.
b. – Bien sûr, j'ai des photos récentes de mes enfants.
c. – Oui, j'ai fait un gâteau au chocolat blanc.
d. – Oui, il y a un bel hôtel dans ce quartier.
e. – Oui, c'était le dernier métro pour venir ici.

11 Les pronoms toniques .... p. 32-33

● **Exercice 1**
a. 1 b. 3 c. 4 d. 5 e. 2

● **Exercice 2**
a. toi b. lui c. elles d. eux e. toi f. vous

● **Exercice 3**
a. lui b. elles c. eux d. eux e. elle f. nous

● **Exercice 4**
a. – Moi aussi. b. – Lui non plus. c. – Elles aussi. d. – Eux aussi. e. – Moi non plus. f. – Elle aussi. g. – Elle non plus.

● **Exercice 5**
a. Tu habites chez lui ?
b. Ce cadeau est pour eux.
c. Je vais avec eux au cirque.
d. Veux-tu aller chez elles ?
e. Cette voiture est pour lui.
f. On se retrouve chez lui ?

● **Exercice 6**
a. toi b. nous c. lui d. moi e. eux f. elle

12 Les pronoms relatifs .... p. 34-35

● **Exercice 1**

> **Transcription**
> a. Il y a un film qui est très bien.
> b. Tu as lu les lettres qui sont sur le bureau ?
> c. La tablette que je voudrais coûte 500 €.
> d. J'ai trouvé un site où il y a des jeux vidéo.
> e. Le CV que j'ai reçu n'est pas complet.
> f. Tu dois aller au restaurant où j'ai mangé.
> g. Où est le livre que tu as acheté ?
> h. Que veut l'homme qui est venu te voir ?
> i. Qui veut goûter au gâteau que j'ai fait ?

qui : a, b, h
que : c, e, g, i
où : d, f

● **Exercice 2**
a. qui - que b. que - qui c. qui - que d. qui - qu' e. qu' - qui f. qui - que g. qui - que h. que – qui

● **Exercice 3**
a. Je vais chez un ami que j'ai connu à l'école, il y a 20 ans.
b. Nous accueillons Tomoko qui sera notre nouvelle dessinatrice.
c. Est-ce que tu as lu le livre que je t'ai offert à Noël ?
d. L'hôtel a une chambre où Napoléon a dormi en 1815.
e. Vous avez aimé le musée qu'on a visité.
f. Il y a deux cinémas où on peut voir *Shokusai*.
g. Julie est une jeune collègue que je trouve merveilleuse.
h. Son frère travaille dans une ville qui se trouve près de Montréal.
i. Comment s'appelle l'université où vous faites vos études ?

13 Les pronoms démonstratifs .... p. 36-39

● **Exercice 1**

> **Transcription**
> a. Je vais prendre une seule bouteille : celle-là.
> b. Non, cet homme n'est pas celui que j'ai vu hier soir.
> c. Attention, ceux-là sont très dangereux.
> d. Vous pouvez me montrer celles qui sont dans la vitrine ?
> e. Celui en verre est de meilleure qualité.
> f. Ceux à 200 € sont un peu chers.
> g. Et la maison à gauche, c'est celle où j'ai habité il y a 10 ans.
> h. Regarde ceux qui sont arrivés.

celui : b, e
celle : a, g
celles : d
ceux : c, f, h

● **Exercice 2**
a. celui-ci - celui-là b. celui-ci - celui-là c. celles-ci - celles-là d. celle-ci - celle-là e. celle-ci - celle-là f. celle-ci - celle-là g. ceux-ci - ceux-là h. celui-ci - celui-là i. celles-ci - celles-là j. ceux-ci - ceux-là

● **Exercice 3**
a. Celles-là b. Celle-là c. Ceux-là d. Celles-là e. Celles-là f. Celle-là g. Ceux-là h. Celui-là

● **Exercice 4**
a. Ce sont celles de Chloé.
b. On va voir celui de Jean-Pierre Jeunet.
c. Non, c'est celle de ma sœur.
d. Oui, on prend ceux de Provence.
e. Non, celui de Marseille est à l'heure.
f. Non, c'est celui d'hier.
g. Je préfère celle d'Amélie.
h. Oui, mais celles à 150 € sont plus jolies.

● **Exercice 5**
a. 7 b. 3 c. 1 d. 2 e. 6 f. 4 g. 5

- **Exercice 6**
  a. Prends celles qui sont sur la table !
  b. Elle aime beaucoup ceux de Jean-Paul Dubois.
  c. Tu connais celle qui est à droite de Julien ?
  d. Je vais souvent à celle de Bordeaux.

- **Exercice 7**

  > **Transcription** 🎧 40
  > a. – Oh, il est beau ton miroir !
  > – C'est celui que Julie m'a offert pour mon anniversaire.
  > b. – Pourquoi il y a ces vêtements sur la table ?
  > – C'est ceux que je veux donner à ma sœur.
  > c. – C'est le train de 17 h 10 ?
  > – C'est celui qui part à 17 h.
  > d. – Oh, c'est un beau château !
  > – C'est celui où Léonard de Vinci a habité.
  > e. – Vous avez une jolie chambre ici.
  > – C'est celle qu'on va transformer en bureau.
  > f. – Qui est ton prof de maths cette année ?
  > – C'est celui que mon frère a eu l'année dernière.
  > g. – Tu achètes toujours des poires Conférence ?
  > – C'est celles que je préfère.
  > h. – Tu connais Mme Retailleau ?
  > – C'est celle qui porte un tailleur rouge.

14 Les pronoms COD .... p. 40-41

- **Exercice 1**
  a. Il la regarde tous les soirs.
  b. Élena l'achète à la librairie.
  c. Nous le prenons tous les matins.
  d. Je les admire.
  e. Antoine la chante toujours.
  f. Elle la regarde souvent.

- **Exercice 2**
  a. On les porte pour mieux voir.
  b. On l'utilise pour boire.
  c. On les offre pour s'excuser.
  d. On l'ouvre pour chercher un mot.
  e. On l'utilise pour ouvrir une porte.

- **Exercice 3**
  a. vous - vous b. nous - vous c. m' - t' d. les - les e. la - la

- **Exercice 4**
  a. Oui, j'en ai un.
  b. Oui, j'en ai beaucoup.
  c. Oui, ils en ont deux.
  d. Oui, elles en boivent un verre.
  e. Oui, il en faut 500 grammes.

15 Les pronoms COI .... p. 42-43

- **Exercice 1**
  a. Nous leur parlons.
  b. Je lui dis bonjour tous les matins.
  c. Pour Noël, je leur offre le dernier album de Philippe Katerine.
  d. Martin lui ressemble beaucoup.
  e. Je leur donne des conseils parce qu'ils vont à l'université.
  f. Jonathan leur demande s'il peut aller à la fête.

- **Exercice 2**
  a. vous b. me - t' c. t' - m' d. m' - t' e. m' - me f. vous - nous

- **Exercice 3**
  a. Tu y penses beaucoup ?
  b. Tu t'y habitues bien ?
  c. Elle y réfléchit encore.
  d. Nous y répondons.
  e. Elles y jouent tous les jours.

16 Les verbes et les pronoms .... p. 44-47

- **Exercice 1**

  > **Transcription** 🎧 48
  > a. Je pense *à toi*.
  > b. Vous *y* réfléchissez.
  > c. Il *en* revient.
  > d. Tu *lui* parles.
  > e. On parle *d'elle* / *d'elles*.
  > f. Aziz s'*y* intéresse.
  > g. Je m'intéresse *à eux*.
  > h. Nous *y* retournons.
  > i. Ils s'*en* souviennent.

- **Exercice 2**
  a. – Oui, j'en rêve.
  b. – Oui, j'en ai besoin.
  c. – Oui, il se souvient d'elles.
  d. – Oui, ils en ont envie.

- **Exercice 3**
  a. lui b. leur c. y d. leur e. d'y f. leur g. lui

- **Exercice 4**
  a. Tu y réponds ?
  b. Vous lui parlez souvent ?
  c. Elles y pensent.
  d. Paco y réfléchit.
  e. Ils leur écrivent très souvent.
  f. Est-ce que vous lui donnez de l'argent de poche ?
  g. Pourquoi est-ce que vous ne leur répondez pas ?

- **Exercice 5**
  a. 1 b. 2 c. 4 d. 3 e. 5 f. 6 g. 8 h. 7

- **Exercice 6**
  a. en - de la pharmacie b. y - à la bibliothèque c. y - chez le médecin d. en - des fleurs e. en - du parfum

- **Exercice 7**
  a. Tu y vas ?
  b. Nous en revenons.
  c. Elle y retourne demain.
  d. Vous y restez toute la semaine ?

e. Idriss en vient.

- **Exercice 8**

  Transcription 🔊 49
  a. *Tu vas aux sports d'hiver ?*
  – Oui, j'y vais.
  b. *– Tu montes en haut de la tour Eiffel ?*
  – Oui, j'y monte.
  c. *– Est-ce que Pauline et Aïsha vont à la soirée ?*
  – Oui, elles y vont.
  d. *– Luisa et Mario, vous êtes bronzés. Vous revenez de Sicile, c'est ça ?*
  – Oui, nous en revenons.
  e. *– Tu vas encore à Paris demain ?*
  – Oui, j'y retourne.
  f. *– M. et Mme Dubois, vous allez au théâtre ce soir ?*
  – Oui, nous y allons.

- **Exercice 9**
  a. Roméo pense à elle.
  b. Roméo et Juliette en rêvent.
  c. La famille Capulet en revient.
  d. Juliette y pense.
  e. Le père de Juliette s'y intéresse.
  f. Le monde entier s'en souvient.

- **Exercice 10**
  On y va - tu y retournes - on s'y promène - on en profite - ils en mangent beaucoup - ils s'y habituent - très fiers d'elle - on lui a parlé - de toi - elle nous a dit - Réponds-nous - très fort à toi

17 La place du pronom complément .... p. 48-49

- **Exercice 1**
  a. Tu la vois ?
  b. Ils ne l'achètent pas.
  c. J'en voudrais un.
  d. Nous le prendrons.
  e. Tu n'y étais pas hier ?
  f. Vous l'avez regardé ?
  g. Tu en manges beaucoup ?
  h. J'en prendrai deux.

- **Exercice 2**
  a. – Oui, je vais en prendre une.
  b. – Non, je ne vais pas la passer avec des amis.
  c. – Non, je ne vais pas le prendre.
  d. – Oui, je viens d'en voir un.
  e. – Non, je ne viens pas d'y arriver.
  f. – Non, je ne vais pas l'acheter.

- **Exercice 3**
  a. Téléphone-moi ! **b.** Goûtez-le ! **c.** Parlez-lui ! **d.** Écris-moi ! **e.** Visitons-la ! **f.** Écoute-le ! **g.** Regardez-la !

- **Exercice 4**
  a. – Oui, achètes-en. **b.** – Oui, vas-y. **c.** – Oui, gardes-en. **d.** – Oui, restes-y. **e.** – Oui, prends-en. **f.** – Oui, manges-en. **g.** – Oui, retournes-y.

18 Les prépositions de lieu .... p. 50-53

- **Exercice 1**

  Transcription 🔊 54
  a. *Je reviens d'Italie.*
  b. *Elle habite en Espagne.*
  c. *Sors de la cuisine tout de suite !*
  d. *Il rentre des Philippines.*
  e. *On arrive à l'aéroport à 8 h.*
  f. *Tu peux aller à la banque ?*
  g. *Nous partons aux États-Unis.*
  h. *Tu vas au théâtre ?*
  i. *Vous travaillez à Paris ?*
  j. *Il sort de l'hôpital.*
  k. *On revient de Casablanca.*
  l. *Je suis originaire du Cambodge.*

  du : l - de : k - d' : a - de l' : j - de la : c - des : d - au : h - à la : f - à l' : e - aux : g - à : i - en : b

- **Exercice 2**
  a. 2 **b.** 5, 6 **c.** 4 **d.** 1, 3 **e.** 7 **f.** 9, 10 **g.** 11 **h.** 8, 12

- **Exercice 3**
  a. au **b.** de **c.** en **d.** des **e.** en **f.** en **g.** en **h.** au **i.** de

- **Exercice 4**
  a. en **b.** en **c.** au **d.** du **e.** d' **f.** des **g.** en **h.** du **i.** à

- **Exercice 5**
  a. des **b.** du **c.** à **d.** au **e.** aux **f.** en **g.** d' **h.** de

- **Exercice 6**
  a. au - du **b.** à la - de la **c.** à l' - de l' **d.** à la - de la **e.** à l' - à la **f.** du - au **g.** à la - de la **h.** à la - de la

- **Exercice 7**
  a. Sonia vient d'Espagne et habite à Los Angeles.
  b. Je travaille à Rome en Italie. / Je travaille en Italie à Rome.
  c. Il étudie à l'université en Belgique. / Il étudie en Belgique à l'université.
  d. Elle est originaire du Japon mais elle étudie en Belgique.
  e. On vit en Italie mais on vient du Portugal.
  f. Il sort du restaurant universitaire et il va à la bibliothèque.
  g. Je suis en Argentine mais j'arrive du Chili.
  h. J'ai habité au Mozambique et en Islande. / J'ai habité en Islande et au Mozambique.

- **Exercice 8**
  a. – Je reviens de la boulangerie.
  b. – Mes voisins sont partis en vacances à la montagne.
  c. – Je suis originaire de Casablanca au Maroc.
  d. – Ils arrivent du Cambodge.
  e. – Il est aux toilettes.

● **Exercice 9**

> **Transcription**
> a. – Où habite-t-elle ?
> – Elle habite à Lyon.
> b. – Où vas-tu ?
> – Je vais au supermarché.
> c. – Où vit-elle ?
> – Elle vit en Irlande.
> d. – D'où arrive-t-il ?
> – Il arrive de New-York.
> e. – Où étudies-tu ?
> – J'étudie au Mexique.
> f. – D'où revient-il ?
> – Il revient du Sénégal.
> g. – Où sont-ils ?
> – Ils sont à la librairie.
> h. – D'où sors-tu ?
> – Je sors du tribunal.

● **Exercice 10**

a. Saori habite au Japon et elle étudie à Tokyo.
b. Yunfei est à la maison et, avec ses enfants, elle va à la piscine.
c. Marion sort du cinéma et elle va au restaurant.
d. Antonio est né à Mexico et il étudie à Monterrey.
e. Zeina est originaire de Syrie et elle travaille à Lyon.
f. Je descends du train et je rentre à la maison.

19 Les verbes et les prépositions .... p. 54-55

● **Exercice 1**

> **Transcription**
> a. Qu'est-ce que tu penses de cette proposition ?
> b. Elle ressemble beaucoup à sa mère.
> c. Tu as pensé à mon livre ?
> d. J'ai commandé un gâteau.
> e. Ma voisine joue du piano.
> f. Tu n'as pas coché la bonne case.
> g. Est-ce que vous avez écrit à Mme Marceau ?
> h. Tu te souviens de notre voyage à Madrid ?
> i. Elle manque beaucoup à sa famille.
> j. On l'a mangé.
> k. Ferme la fenêtre !
> l. Tu as besoin de quelque chose ?

direct : d, f, j, k
indirect avec *à* : b, c, g, i
indirect avec *de* : a, e, h, l

● **Exercice 2**

a. 2 b. 1 c. 6 d. 5 e. 3 f. 4

● **Exercice 3**

a. à b. à c. Ø d. des e. à f. d'

● **Exercice 4**

> **Transcription**
> a. – Qu'est-ce que vous avez appris ?
> – J'ai appris à comprendre les autres cultures.
> b. – Qu'est-ce que vous regrettez ?
> – Je regrette de ne pas parler japonais et coréen.
> c. – Qu'est-ce que vous pouvez me conseiller ?
> – Je vous conseille de passer deux semaines au Bhoutan.
> d. – Qu'est-ce que vous me déconseillez ?
> – Je vous déconseille de faire des voyages organisés.
> e. – Qu'est-ce que vous avez réussi ?
> – J'ai réussi à avoir des amis dans beaucoup de pays.
> f. – De quoi est-ce que vous avez peur ?
> – J'ai peur de manquer de temps pour tout visiter.
> g. – Qu'est-ce que vous aimeriez ?
> – J'aimerais aller en Antarctique.
> h. – Qu'est-ce que vous pouvez me promettre ?
> – Je vous promets de vous raconter mon prochain voyage.

20 Le sens et la place des adverbes ...... p. 56-59

● **Exercice 1**

> **Transcription**
> a. Elle est **très** belle.
> b. Nous avons **trop** mangé.
> c. Vous allez **bien** ?
> d. Il parle **peu**.
> e. Tu as **assez** dormi ?
> f. Je prends **souvent** le train.

● **Exercice 2**

a. beaucoup b. assez c. trop d. toujours e. tard
f. très

● **Exercice 3**

a. Vous travaillez trop le soir.
b. Je vais souvent à la bibliothèque.
c. Nos anciens voisins étaient vraiment sympas.
d. Mon mari ne parle pas beaucoup.
e. Faites attention, vous conduisez trop vite.
f. Les étudiants ne se couchent pas assez tôt.
g. Nous n'habitons pas très loin du centre.
h. Cet enfant parle beaucoup trop fort.

● **Exercice 4**

a. trop b. vraiment c. assez / bien d. mal e. tard
f. bien / assez

● **Exercice 5**

a. trop b. beaucoup c. très d. très / trop e. très
f. beaucoup / trop g. beaucoup h. très

● **Exercice 6**

a. Nous avons bien aimé ce livre.
b. Je n'ai pas bien compris ta question.
c. Vous allez beaucoup dormir pendant les vacances ?
d. Niels est peu sorti avec ses amis.

Corrigés et transcriptions **169**

e. Nous venons de bien comprendre le règlement.
f. Vous avez mal expliqué les directions.
g. Elles vont souvent aller à la plage.
h. On vient de beaucoup danser à la fête.
i. J'ai assez mangé à la cantine.

● Exercice 7
a. – Oui, elle a beaucoup étudié le français en Slovaquie.
b. – Non, elle est arrivée hier.
c. – Elle est assez fatiguée.
d. – Elle le fera demain.
e. – Elle parle très bien anglais.
f. – Oui, elle n'habite pas très loin.
g. – Oui, elle connaît un peu la ville.
h. – Elle va arriver tôt à l'école.

21 Les comparatifs .... p. 60-63

● Exercice 1
a. Ma femme est plus jeune que moi.
b. Mathieu vient moins souvent que Sarah.
c. Le mois d'août est plus tranquille que juillet.
d. Lucas est aussi gentil que Lina.
e. Enzo a répondu moins rapidement que Jules.
f. Je ne suis pas plus stupide qu'elle.

● Exercice 2
a. mieux b. meilleures c. mieux d. meilleur e. mieux
f. meilleure g. meilleurs h. meilleure i. mieux

● Exercice 3
a. Mon frère est un moins bon footballeur que Lionel Messi.
b. Lilou porte une plus jolie robe que Maëlys.
c. Les pommes sont des fruits moins exotiques que les mangues.
d. Papi a une meilleure santé que mamie.
e. Je trouve la vie à Paris moins agréable qu'en province.
f. Marina Foïs est une actrice moins connue que Marilyn Monroe.
g. Le Costa Rica est un pays plus touristique que le Nicaragua.
h. *Le Monde* est un journal plus complet que le *Courrier picard*.
i. Un vélo électrique est plus lourd qu'un vélo classique.

● Exercice 4
a. Un vélo est moins polluant qu'une moto.
b. Une tortue vit plus longtemps qu'un moustique.
c. La tour de Pise est moins haute que la tour Eiffel.
d. Les avions volent plus vite que les oiseaux.
e. La boxe est un sport plus violent que le ping-pong.
f. Les voyages en train sont moins fatigants que les voyages en voiture.
g. Les fruits du marché sont meilleurs que les fruits du supermarché.
h. Maintenant on vit mieux qu'au XVIIe siècle.

● Exercice 5
a. L'accueil est plus agréable à l'hôtel du Mail. / L'accueil est moins agréable à l'hôtel de France.
b. L'hôtel de France est plus confortable que l'hôtel du Mail. / L'hôtel du Mail est moins confortable que l'hôtel de France.
c. L'hôtel de France est plus cher que l'hôtel du Mail. / L'hôtel du Mail est moins cher que l'hôtel de France.
d. Le petit-déjeuner de l'hôtel du Mail est meilleur. / Le petit-déjeuner de l'hôtel de France est moins bon.
e. L'hôtel de France est aussi grand que l'hôtel du Mail.

● Exercice 6

> **Transcription** 🎧 67
> a. Quelle est la différence entre un train et un vélo ?
> – Un train va plus vite qu'un vélo.
> b. – Quelle est la différence entre un enfant et un adulte ?
> – Un enfant est moins grand qu'un adulte.
> c. – Quelle est la différence entre une rue et un boulevard ?
> – Une rue est moins large qu'un boulevard.
> d. – Quelle est la différence de climat entre la Norvège et le Sénégal ?
> – Le climat est moins chaud en Norvège qu'au Sénégal.
> e. – Quelle est la différence entre le métro et un taxi ?
> – Le métro coûte moins cher qu'un taxi.
> f. – Quelle est la différence entre une carte postale et un message électronique ?
> – Une carte postale arrive moins rapidement qu'un message électronique.
> g. – Quelle est la différence entre la ville et la campagne ?
> – La ville est moins calme que la campagne.
> h. – Quelle est la différence entre un pilote d'avion et un chauffeur de taxi ?
> – Un pilote d'avion voyage plus loin qu'un chauffeur de taxi.

22 La négation .... p. 64-67

● Exercice 1
a. n'est pas allé b. n'as pas fait cuire c. n'allez inviter personne d. ne pouvez pas revenir e. ne voudront jamais f. n'as rien pris g. ne peut aider personne h. ne veut pas aller

● Exercice 2
a. Chloé ne viendra pas mardi.
b. Ils n'ont pas bien dormi.
c. Tu ne t'es pas blessée ?
d. Vous n'avez rien acheté ?
e. Il n'y avait rien sous le lit.
f. On ne mange jamais de viande.
g. Il ne manque personne.
h. Tu ne vas rien voir ici.
i. Ils ne se sont jamais mariés.

● Exercice 3
a. Je n'ai pas trouvé mes clés.
b. On n'a rien fait pendant les vacances.
c. Il n'a jamais travaillé le dimanche.
d. Elle n'a parlé à personne.
e. Ils ne sont plus venus nous voir.
f. Vous n'avez pas eu de chance !
g. Elle n'a rien préparé pour le dîner.

Exercice 4
a. N'attendez pas Valéria !
b. Ne va jamais dans ce restaurant !
c. Ne donne plus d'argent à Guillaume !
d. Ne prenez pas de photos !
e. Ne dis rien !
f. Ne parle à personne de ce problème !
g. Ne buvez plus de jus d'orange !
h. N'éteignez jamais cet ordinateur !

Exercice 5
a. On ne mange pas de pizza aujourd'hui ?
b. Il n'y a plus de lait dans le frigo.
c. Pourquoi tu ne prépares jamais de plats mexicains ?
d. Tu ne veux rien boire ?
e. Vous n'avez pas aimé mes lasagnes ?
f. Tu n'auras pas de dessert !
g. Papi ne voulait voir personne.
h. Vous n'avez jamais eu mal au dos ?

Exercice 6
a. – Je ne bois pas de café.
b. – Ils n'ont pas visité le musée Picasso.
c. – Je ne vais pas rencontrer le directeur de l'école.
d. – On n'a pas acheté de jus d'orange.
e. – Elle ne m'a pas donné son adresse.
f. – On n'a pas entendu la question.

Exercice 7

Transcription

a. – Elle vient souvent ?
– Non, elle ne vient jamais.
b. – Tu as de l'argent ?
– Non, je n'ai plus d'argent.
c. – Est-ce que tu entends quelque chose ?
– Non, je n'entends rien.
d. – Il a vu quelqu'un ?
– Non, il n'a vu personne.
e. – Tu peux venir demain ?
– Non, je ne peux pas venir demain.
f. – M. Benmansour habite ici ?
– Non, il n'habite plus ici.
g. – Mais, tu es allé en Afrique du Sud ?
– Non, je ne suis jamais allé en Afrique du Sud.
h. – C'est difficile ?
– Non, ce n'est pas difficile.

Exercice 8
Elle n'a jamais eu de chance. Petite, elle n'avait pas de bonnes relations avec ses parents qui ne l'aimaient pas. À l'école, elle n'était jamais la première de la classe. Comme elle n'a pas fait de bonnes études universitaires, elle n'a jamais pu trouver de bons emplois. Elle ne gagne pas beaucoup d'argent et ne part pas souvent en vacances. Elle n'a pas d'amis et elle n'est jamais invitée à des fêtes. Elle n'a rien et n'est pas très heureuse.

23 Est-ce que, quoi, qui — p. 68-71

Exercice 1
a. 5, 6 b. 1, 3, 6 c. 2, 6 d. 4

Exercice 2
a. Vous voulez un café ? Voulez-vous un café ?
b. Je peux vous aider ? Puis-je vous aider ?
c. Il va au cinéma ? Va-t-il au cinéma ?
d. Je pourrais vous parler ? Pourrais-je vous parler ?
e. Vous avez des problèmes ? Avez-vous des problèmes ?
f. Elle aime son travail ? Aime-t-elle son travail ?

Exercice 3
a. Avez-vous déjeuné ?
b. Vas-tu regarder le match de tennis ?
c. Viennent-ils d'apprendre cette chanson ?
d. Avez-vous bien dormi ?
e. Va-t-elle aller au marché ?
f. Avez-vous demandé l'autorisation de sortir ?
g. Avons-nous pris un parapluie ?
h. Venez-vous d'acheter ce livre ?
i. Vas-tu répondre à ce courriel ?

Exercice 4
a. – Est-ce que tu aimes le chocolat ?
b. – Est-ce que Pedro est en France ?
c. – Qu'est-ce que vous faites ?
d. – Qu'est-ce que les enfants regardent à la télé ?
e. – Est-ce que tu vas voyager pendant tes vacances ?
f. – Est-ce que vous êtes partis à l'étranger ?
g. – Qu'est-ce que vous faites le mardi soir ?
h. – Est-ce qu'elles font du sport ?

Exercice 5
a. Qui est-ce que tu regardes ? Un couple qui se dispute. Qu'est-ce que tu regardes ? La photo d'un couple.
b. Qu'est-ce que vous avez préféré dans ce film ? Le jeu des acteurs.
Qui est-ce que vous avez préféré dans ce film ? L'acteur Omar Sy.
c. Qu'est-ce qui vous attire ? Le calme de la campagne.
Qui est-ce qui vous attire ? Un homme calme.
d. Qu'est-ce qui passe ce soir ? Le film Le Dîner de cons.
Qui est-ce qui passe ce soir ? Sarah, et elle dîne avec nous.

Exercice 6
a. Qu'est-ce qu'il dit ?
b. Est-ce qu'elle parle grec ?
c. Qui est-ce qui veut apprendre à conduire ?
d. Qu'est ce que tu fais tous les jours ? / Qu'est-ce que vous faites tous les jours ?
e. Qui est-ce que vous écoutez ?
f. Qu'est-ce qui ne va pas ?
g. Qu'est-ce que vous étudiez ?

Exercice 7
qu'est-ce que - Est-ce que - est-ce que - qui est-ce qui - est-ce que - Est-ce que

24 Qui, que, quoi, où... — p. 72-75

● **Exercice 1**
a. Où est-ce que tu vas ?
b. Quand est-ce que ça finira ?
c. Pourquoi est-ce qu'ils ne m'ont pas répondu ?
d. Comment est-ce que vous allez payer ?
e. Qu'est-ce qu'on fait ce soir ?
f. Qui est-ce que vous avez vu au marché ?

● **Exercice 2**
a. – Quand est-ce que vous partez en vacances ?
b. – Qu'est-ce qu'ils vont voir ?
c. – Combien est-ce que ce voyage a coûté ?
d. – Comment est-ce qu'ils sont allés à Lyon ?
e. – Où est-ce qu'elle va dormir ?

● **Exercice 3**
a. À qui b. À partir de quand c. De quoi d. Depuis quand / Depuis combien de temps e. Avec qui

● **Exercice 4**

> **Transcription** 82
> a. – Un concert à Paris.
> – Qu'est-ce que tu vas voir ?
> b. – Parce que nous avons du travail.
> – Pourquoi partez-vous ?
> c. – La tour Eiffel.
> – Elles ont visité quoi ?
> d. – 50 €.
> – Combien a-t-il payé ?
> e. – Depuis l'été dernier.
> – Depuis quand est-ce qu'ils ne se sont pas vus ?

● **Exercice 5**
a. Quand est-ce que vous êtes arrivée à Paris ? Depuis combien de temps est-ce que vous êtes actrice ? Avec qui est-ce que vous avez tourné ? Avec qui est-ce que vous êtes mariée ?
b. Où avez-vous fait vos études ? Combien de livres lisez-vous en ce moment ? Qu'aimez-vous faire ? Où allez-vous voyager ?

25 Les adjectifs et les pronoms interrogatifs — p. 76-79

● **Exercice 1**
a. Quelle b. Quel c. quels d. Quelles e. Quels f. Quel g. quelle h. Quelles

● **Exercice 2**
a. 1, 8 b. 3, 4, 7 c. 2, 5 d. 6, 9

● **Exercice 3**
a. Quelle est la profession d'Éva ?
b. Quel est le prix de cette baguette ?
c. Quels sont les prénoms des sœurs de Lucas ?
d. Quelle est la nationalité de Marco ?
e. Quel est le numéro de téléphone de Salim ?
f. Quelles sont les couleurs du drapeau français ?
g. Quelle est la pâtisserie préférée de Constance ?
h. Quel est le titre du livre ?

● **Exercice 4**
a. Tu fais quelles études ?
b. Tu rentres en quelle année ?
c. Tu manges quel type de nourriture ?
d. Tu te lèves à quelle heure ?
e. Tu fais quelles tâches ménagères ?
f. Tu écoutes quel style de musique ?
g. Tu regardes quels films au cinéma ?
h. Tu rentres chez tes parents quel jour ?
i. Tu aimes quels artistes internationaux ?

● **Exercice 5**
a. Lequel avez-vous acheté ?
b. Lesquelles est-ce que tu parles ?
c. À côté duquel se donne-t-on rendez-vous ?
d. Laquelle vous préférez ?
e. Auxquelles participes-tu ?
f. Lesquels aimez-vous ?
g. Près desquelles est-ce que vous vivez ?
h. Lequel a-t-elle pris ?
i. Dans laquelle souhaitez-vous aller ?

● **Exercice 6**
quel type - quelle occasion - Quelle bonne idée - Lequel - Quelle est la couleur - Quel est son style - quelle est sa pierre

26 Le discours indirect — p. 80-83

● **Exercice 1**

> **Transcription** 90
> a. Il dit qu'il va bien.
> b. Est-ce que tu as besoin d'aide ?
> c. Quand pars-tu en vacances ?
> d. Il me demande à quelle heure tu arrives.
> e. D'où venez-vous ?
> f. Elle veut savoir ce qui ne va pas.
> g. Elles disent qu'elles ne peuvent pas venir.
> h. Je serai là à 20 h.

discours direct : b, c, e, h
discours indirect : a, d, f, g

● **Exercice 2**
a. 2 b. 1 c. 3 d. 4 e. 6 f. 5

● **Exercice 3**
a. L'entraîneur dit aux joueurs qu'ils ont très bien joué.
b. Les adversaires disent qu'ils sont très déçus.
c. Un journaliste annonce que les joueurs ont fait un bon match.
d. Les supporters disent qu'ils vont gagner la coupe.
e. Le capitaine déclare que c'est la meilleure équipe française.
f. Les joueurs disent qu'ils sont contents d'avoir gagné.
g. Le médecin déclare qu'Adrien Biotteau s'est blessé à la cheville.
h. Adrien Biotteau dit qu'il ne pourra pas participer au prochain match.

Exercice 4
a. Le directeur va te demander si tu peux te présenter.
b. Le directeur va te demander où tu as étudié l'année dernière.
c. Le directeur va te demander pourquoi tu as postulé.
d. Le directeur va te demander si tu as des expériences professionnelles.
e. Le directeur va te demander quelles sont tes motivations.
f. Le directeur va te demander si tu parles plusieurs langues.
g. Le directeur va te demander comment tu as connu leur entreprise.
h. Le directeur va te demander quand tu pourras commencer à travailler.

Exercice 5
a. si **b.** quel **c.** pourquoi **d.** si **e.** ce que **f.** ce que

Exercice 6
a. Paul dit à son fils de ranger sa chambre.
b. Le patron dit à ses ouvriers d'être ponctuels.
c. Un commerçant demande à son client de fermer la porte.
d. Mon ami me conseille d'accepter cette proposition.
e. Le médecin ordonne à son patient de faire un régime.
f. Un directeur dit à son employé de bien se reposer pendant les vacances.
g. Un pompier ordonne aux habitants de sortir tout de suite.

Exercice 7
a. Le journaliste demande ce qu'ils ont pensé de ce film.
b. Le journaliste veut / voudrait savoir s'ils ont aimé le jeu des acteurs.
c. Le journaliste demande quel moment ils ont préféré.
d. Le journaliste demande de lui parler de leur personnage préféré.
e. Le journaliste veut / voudrait savoir s'ils ont aimé la fin de l'histoire.
f. Le journaliste demande ce qu'ils ont pensé de la musique.

27 Les articulateurs logiques .... p. 84-87

Exercice 1

Transcription 95
a. Je ne sors pas *parce que* je suis fatiguée.
b. Elle est allée en Amazonie *pour* prendre des photos.
c. Je ne serai pas là samedi, *mais* je viendrai te voir dimanche.
d. Il a pris du poids, *alors* il fait un régime.
e. Ils ont acheté une maison *grâce à* l'argent de leurs parents.
f. On chante *parce qu'*on est heureux.
g. J'aime le thé, *par contre* je déteste le café.
h. Tu n'es pas gentil *donc* tu n'auras pas de bonbons !
i. Je reste chez moi *à cause* d'un mal de tête.

Exercice 2
a. par contre **b.** mais **c.** pour **d.** donc **e.** alors **f.** parce que **g.** grâce à

Exercice 3
a. 2 **b.** 4 **c.** 6 **d.** 7 **e.** 1 **f.** 3 **g.** 5 **h.** 8

Exercice 4
a. J'ai appris à être patiente grâce aux enfants.
b. Il ne peut pas courir parce qu'il s'est cassé la jambe.
c. Beaucoup d'arbres sont tombés à cause de la tempête.
d. Elle est fatiguée parce qu'elle a conduit toute la nuit.
e. M. Mauger est absent à cause d'un rendez-vous chez le dentiste.
f. Elle a obtenu son diplôme grâce à ses efforts.

Exercice 5
a. Tours est une ville agréable parce qu'il y a beaucoup d'espaces verts. / Il y a beaucoup d'espaces verts, donc Tours est une ville agréable.
b. Il y a moins de bruit la nuit parce que les bars de la ville ferment à minuit. / Les bars de la ville ferment à minuit, donc il y a moins de bruit la nuit.
c. À cause de la pollution des voitures, on a construit des tramways. / On a construit des tramways à cause de la pollution des voitures.
d. Quelques musées sont gratuits parce que les étudiants n'ont pas d'argent. / Les étudiants n'ont pas d'argent, alors quelques musées sont gratuits.
e. Grâce à la rentrée scolaire, les villes sont plus animées. / Les villes sont plus animées grâce à la rentrée scolaire.
f. Les étudiants sortent le soir parce qu'il y a des cinémas en ville. / Il y a des cinémas en ville, donc les étudiants sortent le soir.
g. Grâce aux aides de la mairie, les quartiers se sont développés. / Les quartiers se sont développés grâce aux aides de la mairie.

Exercice 6
a. J'ai froid à cause du mauvais temps. J'allume donc le chauffage.
b. Je suis en forme grâce au sport. Par contre / Mais, j'en fais moins qu'avant.
c. J'ai mal au ventre parce que j'ai trop mangé, donc / alors je vais prendre un médicament. (je vais donc / je vais alors prendre un médicament.)
d. Je suis inquiet à cause des examens. Par contre / Mais je dors bien.
e. J'ai tout compris grâce au professeur, donc / alors je vais lui écrire pour le remercier. (je vais donc / je vais alors lui écrire pour le remercier.)
f. Je suis content parce que mes amis viennent ce week-end. Par contre / Mais, je travaille samedi.

Exercice 7
a. pour **b.** parce que **c.** parce que **d.** pour **e.** parce qu' **f.** pour

Exercice 8
pour vous remercier - grâce à vous - à cause des blagues - mais / par contre vous - Par contre / Mais - parce qu'il - donc / alors - donc / alors - Mais / Par contre

28 La condition .... p. 88-89

Exercice 1
a. 2 **b.** 3 **c.** 1 **d.** 7 **e.** 5 **f.** 4 **g.** 6

● **Exercice 2**

a. Je suis malade. Je ne sortirai pas.
Si je suis malade, je ne sortirai pas.
b. Ils sont sympas. Nous les inviterons.
S'ils sont sympas, nous les inviterons.
c. N'hésitez pas à nous contacter ! Vous avez besoin de nous.
N'hésitez pas à nous contacter si vous avez besoin de nous !
d. Ils sont fatigués. Ils doivent se coucher plus tôt.
S'ils sont fatigués, ils doivent se coucher plus tôt.
e. Elles vont organiser une fête. Elles ont assez d'argent.
Elles vont organiser une fête si elles ont assez d'argent.
f. Préviens-moi ! Tu es disponible le week-end du 18 octobre.
Préviens-moi si tu es disponible le week-end du 18 octobre !
g. Nous partons dans une heure. Nous allons être en retard.
Si nous partons dans une heure, nous allons être en retard.
h. Elles peuvent nous téléphoner. Elles se perdent dans la ville.
Elles peuvent nous téléphoner si elles se perdent dans la ville.

● **Exercice 3**

a. Si je gagne 500 000 € à la loterie, j'achèterai une maison.
b. Si mon mari et moi avons le temps, nous allons partir en vacances.
c. Si les enfants ne sont pas fatigués, nous irons faire des courses.
d. Si vous aimez cuisiner, ce livre sera parfait pour vous.
e. Si on ne travaille pas assez, on ne va pas avoir notre diplôme.
f. Si tu ne fais pas attention, tu vas faire des erreurs.
g. S'ils ont faim, ils mangeront plus tôt.
h. Si nous pouvons, nous vous téléphonerons.

29 Le présent : être, avoir, faire et aller — p. 92-95

● **Exercice 1**

Transcription

a. Elles ont une belle maison.
b. Nous allons au cinéma.
c. On est à la poste.
d. Vous êtes américain ?
e. Vous allez où ?
e. Ils ont très faim.
e. Vous avez froid ?
e. Nous avons quatre enfants.

● **Exercice 2**

a. vous faites b. nous avons c. je vais d. il est e. vous êtes f. ils ont g. nous allons h. on fait

● **Exercice 3**

a. 2 b. 3 c. 5 d. 6 e. 4 f. 1

● **Exercice 4**

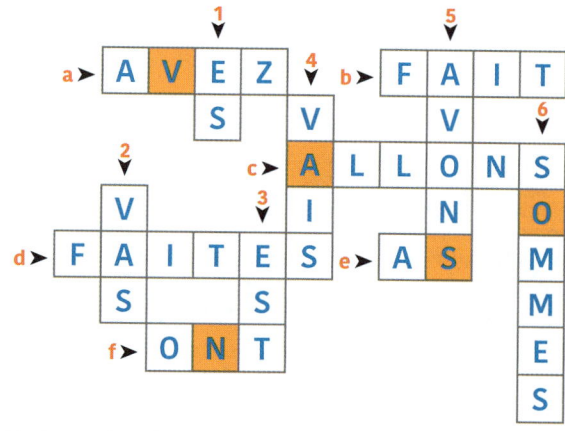

● **Exercice 5**

aller : on va - je vais - elles vont - vous allez - tu vas - nous allons
faire : on fait - je fais - elles font - vous faites - tu fais - nous faisons
avoir : on a - j'ai - elles ont - vous avez - tu as - nous avons
être : on est - je suis - elles sont - vous êtes - tu es - nous sommes

● **Exercice 6**

a. fais - fais - vais b. avez - a - est c. as - ai d. fait - fait
e. êtes - est - a f. fait - va g. faisons - allez

● **Exercice 7**

Verbe conjugué au présent : nous avons

● **Exercice 8**

a. – Oui, selon moi elles sont gourmandes.
b. – Oui, j'ai froid.
c. – Oui, nous sommes bien les nouveaux informaticiens. / Oui, on est bien les nouveaux informaticiens.
d. – Oui, je vais à la réunion à 10 h.
e. – Oui, Jules fait de la guitare cette année.

● **Exercice 9**

a. faites b. vont c. est d. avez e. faisons f. allons
g. allez h. avez i. font j. allons k. ont l. vas

● **Exercice 10**

nous sommes - il fait - Il fait - nous faisons - c'est - nous allons - Nous faisons - on va - Timéo est

● **Exercice 11**

a. Il est français. Il est célibataire. Il a vingt-cinq ans.
Il va au travail. Il fait du football et de la course à pied.

Il est directeur d'entreprise. Il est grand. Il a les yeux bleus et il est brun.
b. Ils sont retraités. Ils sont mariés. Elle est petite. Il est grand. Ils font de la danse. Ils vont au bal.

30 Le présent : les verbes en -er p. 96-97

● **Exercice 1**

a. Les enfants déjeunent à la cantine.
b. Vous écoutez quel chanteur ?
c. Tu parles trois langues.
d. Camille porte une robe.
e. M. et Mme Ramy arrivent à 16 h.
f. Nous travaillons dans un cinéma.
g. Mes frères habitent à Londres.
h. Abdel regarde un film.
i. Qu'est-ce que tu achètes ?
j. Nous changeons souvent de voiture.
k. Les enfants jettent de l'eau partout.

● **Exercice 2**

a. se réveille **b.** nous retrouvons **c.** me lève
d. se promène **e.** se marient **f.** t'appelles **g.** s'excuse

● **Exercice 3**

nous nous levons - Tonio prépare - réveille - je me brosse - je me lave - je m'habille - je m'occupe - On se dépêche - Tonio emmène - je commence - je déjeune - on retourne - je passe - j'emmène - Tonio préfère - on rentre

31 Le présent : pouvoir, vouloir, devoir et savoir p. 98-101

● **Exercice 1**

a. on sait **b.** ils peuvent **c.** on veut **d.** je dois **e.** elle peut
f. vous devez **g.** vous savez **h.** ils veulent

● **Exercice 2**

Transcription 108
a. **Ils veulent** aller en discothèque demain soir.
b. Est-ce qu'**elle veut** aller au théâtre ?
c. Est-ce qu'**elles savent** faire du vélo ?
d. **Ils doivent** assister à la réunion.
e. Est-ce qu'**il doit** travailler ce week-end ?
f. **Elle peut** regarder la télévision jusqu'à 21 h.
g. **Ils peuvent** venir demain à 8 h.
h. Est-ce qu'**il sait** nager ?

● **Exercice 3**

vouloir : elle veut - tu veux - nous voulons - ils veulent - je veux - vous voulez
savoir : elle sait - tu sais - nous savons - ils savent - je sais - vous savez
pouvoir : elle peut - tu peux - nous pouvons - ils peuvent - je peux - vous pouvez
devoir : elle doit - tu dois - nous devons - ils doivent - je dois - vous devez

● **Exercice 4**

a. 2 **b.** 3 **c.** 5 **d.** 4 **e.** 1 **f.** 6

● **Exercice 5**

a. tu sais **b.** je sais **c.** vous savez **d.** on sait **e.** elles savent **f.** nous savons

● **Exercice 6**

a. veux **b.** voulez **c.** veux **d.** voulons **e.** veulent **f.** veut
g. veut **h.** veut **i.** veulent **j.** voulez **k.** veux

● **Exercice 7**

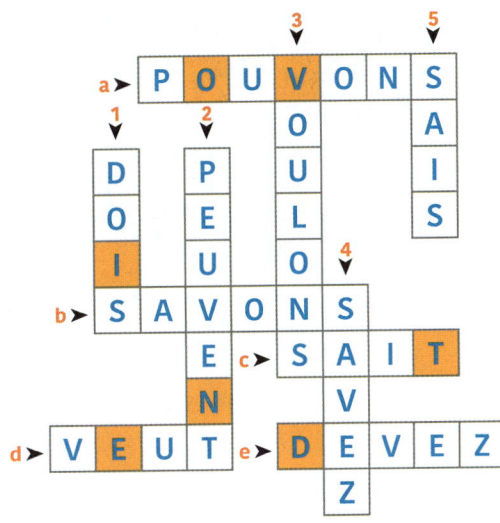

Verbe conjugué au présent : ils doivent

● **Exercice 8**

a. devez - pouvez **b.** dois - veux **c.** sait - veux - dois
d. voulez - peut - devez **e.** pouvons - doit **f.** savons - peux

● **Exercice 9**

D	U	D	O	I	P	S	U	P
O	P	E	U	X	A	U	P	E
I	U	S	A	V	E	N	T	U
V	E	U	L	E	N	T	U	V
E	R	P	A	U	A	P	V	E
N	U	S	A	I	S	S	E	N
T	P	E	S	P	U	P	U	T
S	D	O	I	S	V	S	X	A

Verbe à l'infinitif : devoir

● **Exercice 10**

On doit - on ne sait pas - Vous voulez - on veut - on doit - On peut

● **Exercice 11**

a. — Non, Marie ne peut pas conduire de moto.
b. — Oui, nous voulons / on veut faire du ski.
c. — Oui, je dois aller chercher les enfants à la garderie.
d. — Oui, je veux aller au théâtre samedi.
e. — Non, je ne sais / on ne sait / nous ne savons pas marcher sur les mains.
f. — Oui, je peux jongler avec 4 balles.

Corrigés et transcriptions **175**

32 Le présent : les verbes en -ir .... p. 102-105

● **Exercice 1**

> **Transcription**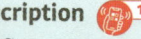
> a. On finit tard.
> b. Nous partons tôt.
> c. Vous ne dormez pas tard.
> d. Ils ouvrent la porte.
> e. Tu ne réfléchis pas beaucoup.
> f. Il offre des fleurs.
> g. Je ne viens pas avec une bonne nouvelle.
> h. Elles réussissent leurs études.
> i. Nous découvrons la Grèce.

a. finir b. partir c. dormir d. ouvrir e. réfléchir f. offrir g. venir h. réussir i. découvrir

● **Exercice 2**

a. 4 b. 3 c. 5 d. 2 e. 6 f. 1

● **Exercice 3**

a. ouvrent b. offrez c. ouvres d. offre e. découvrons f. offre g. découvre h. offres i. ouvrez

● **Exercice 4**

a. dors b. sentent c. sort d. sers e. partez f. vieillissent g. choisit

● **Exercice 5**

Je reviens - Tu te souviens - elle et son mari viennent - Ils tiennent - tu deviens - un livre qui t'appartient - tu me préviens

● **Exercice 6**

a. – Oui, nous partons en vacances cet été.
b. – Non, je ne dors pas beaucoup en général.
c. – Oui, nous sortons tous les samedis soir.
d. – Non, on ne se souvient pas de notre dernière discussion.
e. – Non, je ne réussis pas à travailler avec tout ce bruit.
f. – Oui, je tiens beaucoup à ce tableau.
g. – Non, on ne finit pas tard le soir.

● **Exercice 7**

a. – En août, nous partons au bord de la mer.
b. – Non, je dors dans un camping.
c. – Oui, il ouvre à 14 h.
d. – Non, et en plus, elles finissent à 16 h.
e. – Oui, je reviens de Bretagne.
f. – Oui, ils servent des plats typiques.

● **Exercice 8**

a. – On ouvre une porte.
b. – Il offre des fleurs.
c. – Elle grossit.
d. – Ils dorment.
e. – Elles se souviennent.
f. – On part en voyage.

33 Le présent : les verbes en -re ...... p. 106-109

● **Exercice 1**

> **Transcription**
> 1. Elle ne dit rien.
> 2. Tu attends le bus ?
> 3. Ils lisent un roman.
> 4. Nous vivons dans une petite ville.
> 5. Vous prenez votre parapluie ?
> 6. Les enfants mettent la table.
> 7. Elle répond à la question.
> 8. Tu connais cet acteur ?

a. 3 b. 2 c. 1 d. 5 e. 6 f. 7 g. 4 h. 8

● **Exercice 2**

a. lis b. écrivent c. vivons d. lisent e. dites f. suit g. attends h. prennent i. entend j. perds

● **Exercice 3**

connaître : nous connaissons - je connais - elles connaissent - vous connaissez - tu connais - on connaît
mettre : nous mettons - je mets - elles mettent - vous mettez - tu mets - on met
dire : nous disons - je dis - elles disent - vous dites - tu dis - on dit
répondre : nous répondons - je réponds - elles répondent - vous répondez - tu réponds - on répond
écrire : nous écrivons - j'écris - elles écrivent - vous écrivez - tu écris - on écrit
vendre : nous vendons - je vends - elles vendent - vous vendez - tu vends - on vend

● **Exercice 4**

a. – Oui, elle ne comprend pas les mathématiques.
b. – Pas vraiment, nous ne lisons pas souvent.
c. – Non, on ne connaît pas le fromage français.
d. – Non, je ne réponds pas aux courriels.
e. – Non, en général, nous ne prenons pas le bus.
f. – Non, ils ne suivent pas ce cours.
g. – Non, je n'attends pas depuis longtemps.

● **Exercice 5**

a. – Non, nous ne vivons pas dans le centre-ville de Lyon.
b. – Oui, je reconnais la femme sur la photo.
c. – Oui, on permet à nos enfants de sortir jusqu'à minuit.
d. – Oui, je perds toujours mes affaires.
e. – Non, nous ne suivons pas de cours de peinture.
f. – Oui, j'attends le dernier car pour Paris.
g. – Oui, on prend un abonnement pour la salle de sport.

176   Corrigés et transcriptions

● Exercice 6

Transcription

a. – Pedro, est-ce que tu comprends la leçon ?
– Oui, je comprends la leçon.
b. – M. Bouley, est-ce que vous entendez la musique ?
– Oui, j'entends la musique.
c. – Est-ce qu'elle attend le bus ?
– Oui, elle attend le bus.
d. – Luce et Maël, vous lisez à la bibliothèque ?
– Oui, nous lisons à la bibliothèque.
e. – Mon chéri, est-ce que tu prends un thé ?
– Oui, je prends un thé.
f. – Pascual, tu connais cette chanson ?
– Oui, je connais cette chanson.

● Exercice 7

a. – Je lis des bandes-dessinées. Je prends des livres.
b. – Elle écrit des courriels. Elle répond au téléphone.
c. – On prend le taxi. On attend le train.

34 Le présent : les verbes en -oir et -oire .... p. 110-111

● Exercice 1

a. 3 b. 5 c. 1 d. 2 e. 4 f. 6

● Exercice 2

croire : elle croit - ils croient - je crois - vous croyez - nous croyons - tu crois
prévoir : elle prévoit - ils prévoient - je prévois - vous prévoyez - nous prévoyons - tu prévois
boire : elle boit - ils boivent - je bois - vous buvez - nous buvons - tu bois
devoir : elle doit - ils doivent - je dois - vous devez - nous devons - tu dois
recevoir : elle reçoit - ils reçoivent - je reçois - vous recevez - nous recevons - tu reçois
voir : elle voit - ils voient - je vois - vous voyez - nous voyons - tu vois

● Exercice 3

a. buvez b. faut c. doit d. croyez e. voyons f. reçoit g. boit

● Exercice 4

a. – Non, nous ne devons pas travailler.
b. – Oui, nous recevons beaucoup de cartes en été.
c. – Non, nous ne voyons pas bien sans lunettes.
d. – Oui, je prévois de sortir tard ce soir.

35 Le futur proche et le passé récent .... p. 112-113

● Exercice 1

a. vais chercher b. va partir c. vas faire d. allons regarder e. allez passer f. vont vendre

● Exercice 2

a. viennent de faire b. vient d'avoir c. venons de partir
d. vient de sortir e. viens de prendre f. vient de quitter

● Exercice 3

a. Ma femme vient de trouver un poste, elle va travailler à l'hôpital de Marseille.
b. Je viens de passer une année fatigante, je vais me reposer un peu.
c. Nous venons d'apprendre une bonne nouvelle, nous allons avoir un quatrième enfant.
d. Mes parents viennent de prendre leur retraite, ils vont venir avec nous dans le Sud.
e. Notre fils aîné Thibaud vient d'avoir son bac, il va étudier à l'université de la Méditerranée.

36 Le futur simple .... p. 114-117

● Exercice 1

a. pèsera b. paieras / payeras c. gèlera d. essayerai / essaierai e. comprendra f. essuieront g. nettoiera

● Exercice 2

être : je serai - nous serons - elles seront
avoir : j'aurai - nous aurons - elles auront
prendre : je prendrai - nous prendrons - elles prendront
pouvoir : je pourrai - nous pourrons - elles pourront
aller : j'irai - nous irons - elles iront
venir : je viendrai - nous viendrons - elles viendront
vouloir : je voudrai - nous voudrons - elles voudront
écrire : j'écrirai - nous écrirons - elles écriront

● Exercice 3

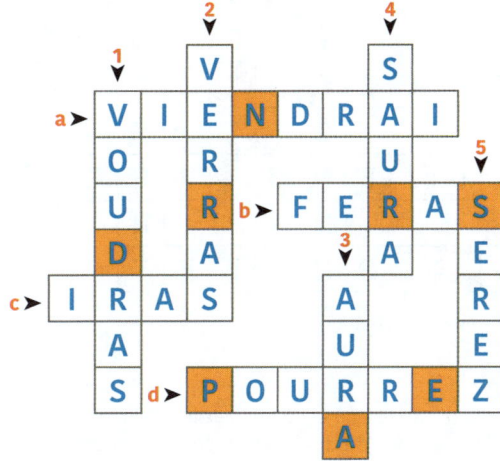

Verbe conjugué au futur simple : tu prendras

● Exercice 4

Il fera beau dans le Sud de la France. Le soleil brillera à Bordeaux et à Marseille. Le vent soufflera fort à Brest. Il pleuvra dans le Nord de la France et à Lyon. Il y aura de l'orage à Lyon. Il y aura des nuages à Brest et à Paris. Il fera 20 degrés à Nantes.

● Exercice 5

Je n'oublierai jamais - Votre guide viendra - (Votre guide) vous accompagnera - Vous conduirez - Vous pourrez - les participants prépareront - Vous passerez - Vous vous lèverez - les voyageurs auront - ils verront - les étoiles et la Lune vous guideront - vous profiterez

37 Le passé composé avec avoir .... p. 118-121

● **Exercice 1**

rencontrer : rencontré
réussir : réussi
avoir : eu
être : été
faire : fait
devoir : dû
vouloir : voulu
savoir : su
voir : vu
perdre : perdu
répondre : répondu
vendre : vendu
dire : dit
écrire : écrit
comprendre : compris
ouvrir : ouvert

● **Exercice 2**

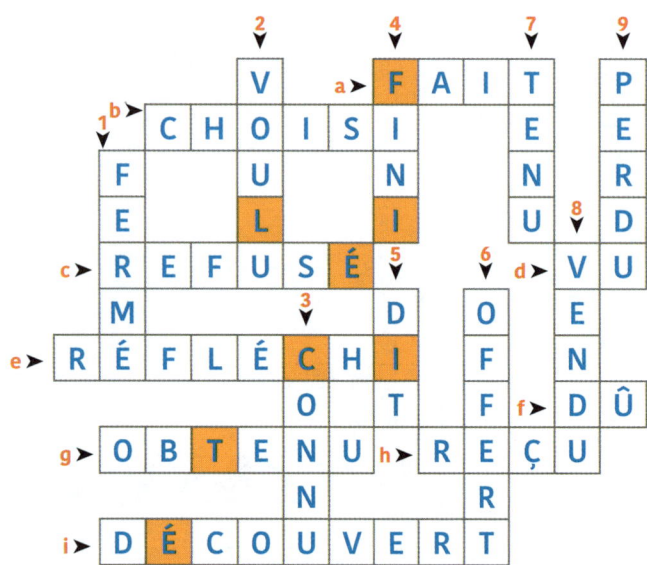

Participe passé : félicité

● **Exercice 3**

a. a trouvé **b.** ai été **c.** a eu **d.** avez fait **e.** as vu **f.** ai rencontré **g.** ont vendu **h.** avez réfléchi **i.** as appris

● **Exercice 4**

a. Les enfants ont adoré les animaux.
b. Une cliente a oublié son sac.
c. Nous avons été malades pendant les vacances.
d. Nous avons déjeuné chez nos voisins.
e. Combien tu as payé pour les billets ?
f. Amélie n'a pas vérifié les réponses.
g. Deux étudiants n'ont pas réussi leur examen.
h. Ils n'ont pas voulu venir à la fête.

● **Exercice 5**

a. Il n'a pas compris.
b. On n'a pas gagné !
c. Tu n'as pas fini ?
d. Elle n'a pas dit bonjour.
e. Vous n'avez pas lu sa lettre ?
f. Ils n'ont pas voulu venir.
g. Je n'ai pas vu Lola ce matin !
h. Il n'a pas fait la vaisselle.
i. Il n'a pas accepté ma proposition.

● **Exercice 6**

tu as changé - j'ai vieilli - j'ai grossi - tu n'as pas changé - tu as fait - J'ai travaillé - j'ai eu - j'ai acheté - j'ai eu - j'ai perdu - Cela a été - ma femme m'a quitté - cela m'a fait

● **Exercice 7**

Transcription 133

a. – Vous avez des nouvelles de M. Dubois ?
– Oui, j'ai téléphoné à M. Dubois lundi.
b. – Vous connaissez Paris ?
– Oui, j'ai visité Paris l'année dernière.
c. – Vous avez mangé au restaurant La Bonne Table ?
– Oui, j'ai dîné au restaurant samedi soir.
d. – Jane vous a téléphoné ?
– Oui, j'ai reçu un message de Jane hier soir.
e. – Vous connaissez le film Cosmopolis ?
– Oui, j'ai vu le film à la télé le mois dernier.
f. – Vous avez envoyé un message à Clara ?
– Oui, j'ai envoyé un message à Clara ce matin.

38 Le passé composé avec être .... p. 122-125

● **Exercice 1**

a. avec *avoir* : adorer - comprendre - savoir - commencer - vouloir - aimer - dire - essayer - pouvoir - oublier - marcher - être - faire
b. avec *être* : se lever - rester - tomber - sortir - aller - arriver - s'habiller - repartir - retourner - se réveiller - revenir - se fâcher

● **Exercice 2**

arriver : arrivé
aller : allé
sortir : sorti
venir : venu
descendre : descendu
apparaître : apparu
naître : né
mourir : mort

● **Exercice 3**

a. est **b.** êtes **c.** est **d.** suis **e.** est **f.** sont **g.** es **h.** sommes **i.** sont **j.** est

● **Exercice 4**

a. arrivée **b.** mariés **c.** posé **d.** retournée **e.** fini **f.** parties

● **Exercice 5**

a. est **b.** a **c.** êtes **d.** ai **e.** êtes **f.** sont

● Exercice 6

obtenu - apparu - appris - connu - découvert - venu - descendu - offert - parti - perdu - rentré - sorti - vendu

● Exercice 7

a. On est revenus lundi matin.
b. Nous ne sommes jamais allés à Bali.
c. Les enfants se sont beaucoup amusés.
d. Marcus s'est blessé à la main gauche.
e. Tu ne t'es pas présenté.
f. Chloé et Ruben se sont rencontrés en Corée.
g. On n'est pas restés très longtemps.

● Exercice 8

a. Alicia n'est pas restée à Paris ?
b. On ne s'est pas levés tard.
c. Pourquoi tu n'es pas passée par Lyon ?
d. Ses parents ne se sont pas fâchés.
e. Le train n'est pas arrivé à l'heure.
f. Vous ne vous êtes pas ennuyés ?
g. Le chat n'est pas descendu de l'arbre.
h. Tu ne t'es pas levé à 4 h 30 ?

● Exercice 9

Transcription 139

a. – Les clients vont partir ?
– Non, les clients sont partis à 14 h.
b. – Tu vas téléphoner à Amélie ?
– Non, j'ai téléphoné à Amélie hier soir.
c. – Le bébé de Julie va naître bientôt ?
– Non, le bébé de Julie est né mardi matin.
d. – Ils vont se rencontrer cet après-midi ?
– Non, ils se sont rencontrés ce matin.
e. – Myriam va retourner à Lyon le week-end prochain ?
– Non, Myriam est retournée à Lyon le week-end dernier.
f. – M. et Mᵐᵉ Paoli vont venir te voir ?
– Non, M. et Mᵐᵉ Paoli sont venus à 9 h.

● Exercice 10

Adrien est né - il a escaladé - il est devenu - il est allé - Il a commencé - Il est parti - Tout s'est passé - Adrien est tombé - il est arrivé - il n'est pas mort - il s'est blessé - Il n'a pas pu - il est rentré

39 L'imparfait .... p. 126-127

● Exercice 1

a. 2 b. 1 c. 3 d. 6 e. 4 f. 5

● Exercice 2

a. Ils dormaient tard.
b. Je buvais du thé.
c. On prenait un bain le dimanche.
d. Tu te promenais beaucoup.
e. Elle lisait bien.
f. Nous commencions la journée à 8 h.
g. Vous étudiiez chez vous.
h. Nous faisions beaucoup de bruit.

● Exercice 3

a. avais b. allions c. buvais d. portait e. lisiez

● Exercice 4

L	V	B	M	L	A	É
J	O	U	A	I	T	T
A	Y	V	N	É	E	U
V	A	A	G	T	N	D
I	I	I	E	I	I	I
E	E	S	A	O	O	I
Z	N	S	I	N	N	E
A	T	I	T	S	S	Z
P	R	E	N	A	I	T

Verbe conjugué à l'imparfait : j'allais

● Exercice 5

j'étais - tu étais - tu riais - Tu adorais - je te lisais - Tu me demandais - Ça t'amusait - il me racontait - il t'emmenait - Vous mangiez - vous donniez - On faisait - C'était

40 L'imparfait et le passé composé .... p. 128-129

● Exercice 1

a. avais - ai bu b. portait - s'est rencontrés c. a vu - est partie d. avait - a eu e. étais - a commencé f. est allée - avait g. attendais - est passée

● Exercice 2

a. Il y a beaucoup de fruits cette année ? Non, parce qu'il a fait trop froid.
Vous avez fait de belles promenades ? Non, parce qu'il faisait trop froid.
b. Alors, comment tu as trouvé le film ? J'ai beaucoup aimé la musique.
Pourquoi tu as fait des études de musique ? J'aimais beaucoup la musique.
c. Pourquoi tu n'as pas répondu au téléphone ? Je prenais une douche.
Qu'est-ce que tu as fait en arrivant chez toi ? J'ai pris une douche.
d. Comment tu t'es coupé la main ? J'ouvrais une boîte de sardines.
Qu'est-ce que tu as mangé hier soir ? J'ai ouvert une boîte de sardines.
e. Alors, a-t-elle trouvé une solution ? Oui, elle a parlé au directeur.
Tu as vu Julie ce matin ? Oui, elle parlait au directeur.
f. Qu'est-ce qu'il a fait dans les Alpes ? Il a fait du ski.
Comment s'est-il cassé une jambe ? Il faisait du ski.

● Exercice 3

> **Transcription**
> **a.** – Pourquoi tu n'es pas venue ?
> – J'étais malade.
> **b.** – Alors, qu'est-ce que tu as fait ?
> – J'ai téléphoné à la police.
> **c.** – Alors, ce dîner au restaurant ?
> – C'était cher et pas bon.
> **d.** – Tu as eu des nouvelles de tes amis ?
> – Ils ont envoyé un message hier.
> **e.** – Ton appareil photo ne marche plus ?
> – Il est tombé.
> **f.** – Comment tu as trouvé l'hôtel ?
> – Il était très confortable.

● Exercice 4

Je suis sorti - j'ai trouvé - une trentaine de personnes qui tenaient / tenait - elles attendaient - J'ai lu - j'ai trouvé - Je me suis dirigé - je l'ai salué - J'ai compris - il ne parlait pas - Il m'a fait - m'a invité - C'était - je venais - je ne connaissais pas - je devais - nous sommes arrivés - j'avais

41 L'impératif .... p. 130-133

● Exercice 1

a. Prenez le bus ! **b.** Pars à la mer ! **c.** Écoutez le professeur ! **d.** Va au lit ! **e.** Fermons les yeux ! **f.** Écris des cartes postales !

● Exercice 2

Dans une casserole, fais fondre 200 grammes de chocolat noir. Ajoute 100 grammes de beurre coupé en morceaux. Dans un saladier, mets le sucre, les œufs, la farine. Ajoute le chocolat et le beurre. Mélange bien. Beurre un plat rond et verse la pâte dedans. Fais cuire au four environ 20 minutes. Bon appétit !

● Exercice 3

a. ne partez pas **b.** ne fais pas / ne faites pas **c.** ne venez pas **d.** ne rentrons pas **e.** ne finis pas **f.** ne prenez pas

● Exercice 4

a. Soyez heureux ! **b.** N'aie pas peur ! **c.** Ne sois pas inquiète ! **d.** Veuillez entrer ! **e.** Sachez être patient ! **f.** Ayez confiance !

● Exercice 5

a. ne t'inquiète pas **b.** Amusez-vous **c.** Repose-toi **d.** arrêtons-nous **e.** promenez-vous **f.** dépêche-toi

● Exercice 6

a. Vas-y ! **b.** Ne me téléphone pas ! **c.** Ne le prenez pas ! **d.** Parles-en à ta sœur ! **e.** Regarde-moi ! **f.** Allons-y !

● Exercice 7

a. Parle français tous les jours. N'utilise pas ta langue maternelle. Écoute la radio française. Regarde des films français. Apprends les conjugaisons. Ne te décourage pas.

b. Respectez le code de la route. Ne conduisez pas trop vite. Sachez être prudents. Faites-vous confiance. Faites attention aux autres voitures. Arrêtez-vous au feu rouge.
c. Écoutez le professeur. Soyez attentifs. Amusez-vous bien. Ne courez pas dans la classe. Jouez avec les autres enfants. Levez la main pour poser une question.
d. Couche-toi plus tôt. Prends un bain. Ne réponds pas aux SMS. Lis un bon livre. Bois une tisane. Fais des exercices de relaxation.

● Exercice 8

dis-moi - ne t'inquiète pas - Sors - prends - Continue - tourne - prends-le - téléphone-moi

42 Le conditionnel présent .... p. 134-135

● Exercice 1

a. 2 **b.** 1 **c.** 4 **d.** 3 **e.** 5 **f.** 6

● Exercice 2

a. voudr**ais** **b.** Aur**iez** **c.** prendr**ais** **d.** souhaiter**ait** **e.** préférer**ait**

● Exercice 3

a. Tu pourrais me passer le sel ?
b. Je voudrais un kilo de cerises.
c. Nous souhaiterions camper.
d. Vous pourriez me dire où est la poste ?
e. Est-ce que tu aurais un parapluie ?
f. Je pourrais utiliser ton ordinateur ?
g. On voudrait aller à Rome.
h. Ils préféreraient prendre l'avion.

● Exercice 4

a. pourriez **b.** préférerait **c.** souhaiteraient **d.** aurais **e.** aimerait **f.** devrais **g.** pourrait **h.** faudrait

43 Le subjonctif présent .... p. 136-139

● Exercice 1

> **Transcription**
> **a.** On souhaite qu'il obtienne son examen de fin d'études.
> **b.** J'espère qu'il viendra nous rendre visite.
> **c.** Il aimerait que je réussisse à trouver un bon travail.
> **d.** Je suis certaine qu'il est déjà parti.
> **e.** Tu crois qu'il va faire beau ce week-end ?
> **f.** Je voudrais que nous partions en vacances.
> **g.** Il faudrait que vous finissiez ce dossier avant de partir.
> **h.** Je pense qu'il va m'aider.
> **i.** Ils veulent que tu sois présente à la réunion.

Expressions suivies du subjonctif :
a. On souhaite que…
c. Il aimerait que…
f. Je voudrais que…
g. Il faudrait que…
i. Ils veulent que…

- Exercice 2
  a. ils lisent - que tu lises
  b. nous dansons - que vous dansiez
  c. ils partent - qu'ils partent
  d. nous prenons - que nous prenions
  e. nous buvons - que vous buviez
  f. nous étudions - que vous étudiiez
  g. ils viennent - que je vienne
  h. nous sortons - que vous sortiez
  i. ils écrivent - que tu écrives
  j. nous nous promenons - que vous vous promeniez
  k. ils finissent - qu'elle finisse
  l. nous offrons - que nous offrions

- Exercice 3

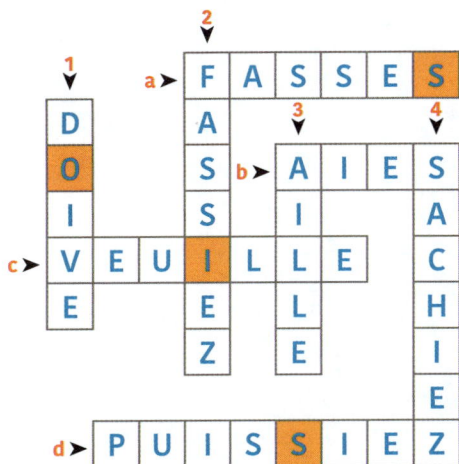

Verbe au subjonctif présent : que tu sois

- Exercice 4
  a. fasse b. buviez c. dorment d. viennent e. prennes f. soient

- Exercice 5
  a. Je veux qu'elle vienne chez moi.
  Je suis certaine qu'elle viendra chez moi.
  b. On voudrait qu'il nous réponde rapidement.
  On croit qu'il nous répondra rapidement.
  c. Je pense que vous nous dites la vérité.
  J'aimerais que vous nous disiez la vérité.
  d. Il faut que tu prennes la bonne décision.
  On espère que tu prendras la bonne décision.

- Exercice 6
  a. Je souhaite qu'elle téléphone à son médecin.
  b. Il veut que nous rentrions tôt.
  c. Il faut que tu fermes la porte.
  d. Je souhaite qu'il apprenne le russe.
  e. Il faut que vous soyez patient.

- Exercice 7
  a. Je veux / voudrais que tu arrêtes de fumer.
  b. Il faut / faudrait que je passe le permis de conduire.
  c. Je préfère / préférerais qu'ils ne viennent pas.
  d. Nous voulons / voudrions que tu finisses ton stage.
  e. J'aimerais que nous nous retrouvions après le travail.
  f. Il préfère / préférerait qu'on ne prenne pas sa voiture.
  g. On veut / voudrait que tu fasses plus attention à nous.
  h. Ils souhaitent / souhaiteraient qu'elle soit plus heureuse.

- Exercice 8
  a. Il faut qu'il offre des fleurs. Il faut qu'il invite la jeune femme au restaurant. Il faut qu'il lui écrive des mots doux. Il faut qu'il soit sympathique. Il faut qu'il ait de l'humour.
  b. Il faut que tu arrives en avance. Il faut que tu t'habilles bien. Il faut que tu fasses attention à ton langage. Il faut que tu parles de tes expériences. Il faut que tu montres ta motivation.
  c. Il faut que vous apportiez un bouquet de fleurs. Il faut que vous soyez polis. Il faut que vous vous excusiez en cas de retard. Il faut que vous saluiez chaque personne. Il ne faut pas que vous parliez la bouche pleine.

Corrigés et transcriptions 181

Corrigés des tests

Test 1 — p. 148

- **Exercice 1**
  a. musicienne **b.** infirmière **c.** danseurs **d.** directrice **e.** boulanger

- **Exercice 2**
  a. châteaux **b.** yeux **c.** clés **d.** animaux **e.** œufs

- **Exercice 3**
  a. Mon amie est grande, brune et sportive.
  b. Sa petite sœur est mignonne et gentille.
  c. Ta mère est une femme cultivée mais fière.
  d. Leur petite-fille est italienne et espagnole.
  e. Votre tante est finlandaise ou suédoise ?

- **Exercice 4**
  la fête - des parents - les stands - de bénévoles - l'événement - de bonnes conditions

- **Exercice 5**
  a. le mari de la directrice **b.** les clés de la voiture **c.** la porte du garage **d.** l'ordinateur de l'enseignant **e.** les livres des étudiants

- **Exercice 6**
  a. 3 **b.** 2 **c.** 1 **d.** 4

- **Exercice 7**
  a. un joli chemisier rouge **b.** une petite ville animée **c.** un bon repas japonais **d.** un nouvel étudiant roumain **e.** de beaux yeux bleus

- **Exercice 8**
  a. tous les **b.** un peu de **c.** plusieurs **d.** aucun **e.** chaque

Test 2 — p. 149

- **Exercice 1**
  a. 3 **b.** 1 **c.** 5 **d.** 2 **e.** 4

- **Exercice 2**
  a. moi **b.** eux **c.** lui **d.** elles **e.** nous

- **Exercice 3**
  a. Je pars avec vous ?
  b. Nous adorons le surf.
  c. On va chez eux.
  d. Elle va avoir 30 ans.
  e. Vous habitez à Monaco.

- **Exercice 4**
  a. qui **b.** que **c.** où **d.** qui **e.** que

- **Exercice 5**
  un quartier que nous aimons - un quartier où il y a - un centre culturel qui propose - les enfants qui ont - un quartier où nous

- **Exercice 6**
  a. 5 **b.** 1 **c.** 2 **d.** 3 **e.** 4

- **Exercice 7**
  a. celui où **b.** celle que **c.** celles que **d.** ceux que **e.** celui qui

Test 3 — p. 150

- **Exercice 1**
  a. lui **b.** les **c.** l' **d.** leur **e.** la

- **Exercice 2**
  a. la **b.** nous **c.** lui **d.** les **e.** te

- **Exercice 3**
  a. en **b.** y **c.** les **d.** en **e.** y

- **Exercice 4**
  a. Tu en as acheté ?
  b. Vous le prendrez à 7 h 15.
  c. Elle y est montée.
  d. On ne la regardait pas.
  e. Elle leur écrira ?

- **Exercice 5**
  a. Oui, j'en ai peur.
  b. Non, il ne s'y intéresse pas.
  c. Oui, nous nous souvenons d'eux.
  d. Non, je n'en reparlerai pas.
  e. Oui, elle pense beaucoup à elle.

- **Exercice 6**
  a. Elle ne l'a pas pris.
  b. On vient de se disputer.
  c. Je vous téléphonerai demain.
  d. Nous allons y réfléchir.
  e. Tu ne vas pas lui demander.

- **Exercice 7**
  a. Ne le regarde pas !
  b. N'y allons pas !
  c. Prenez-en !
  d. Ne les mangez pas !
  e. Vas-y !

- **Exercice 8**
  de moi - m'as - l'as - y aller - te donne

Test 4 .... p. 151

● **Exercice 1**
a. à **b.** d' **c.** de **d.** à **e.** à

● **Exercice 2**
a. du **b.** en **c.** des **d.** de **e.** au

● **Exercice 3**
a. 3 **b.** 4 **c.** 2 **d.** 1

● **Exercice 4**
a. Ø **b.** des **c.** à. **d.** au **e.** d' **f.** Ø

● **Exercice 5**
a. On a réussi à réparer le vélo.
b. Ma fille apprend à nager.
c. Il veut arrêter de travailler.
d. Elle va commencer à lire.
e. Vous devez éviter de marcher.

● **Exercice 6**
d'arriver - de nous prévenir - à comprendre - de venir - à être présent

● **Exercice 7**
a. une fille courir **b.** à Alka de l'inviter **c.** son fils à venir **d.** à M. Leroy d'entrer **e.** les clients à s'inscrire

● **Exercice 8**
à l'aéroport - à Paris - Ø ce monsieur - à prendre - de l'avoir aidé

Test 5 .... p. 152

● **Exercice 1**
a. Vous ne mangez pas assez ?
b. Elle travaille beaucoup trop.
c. Vous n'habitez pas très loin.
d. Nous ne lisons pas bien.
e. Tu parles trop vite.

● **Exercice 2**
a. Tu as assez dormi ?
b. Nous venons de déménager loin.
c. Je vais bien m'amuser !
d. Vous avez toujours rêvé de voyager ?
e. Elle va vraiment vivre en Inde ?

● **Exercice 3**
a. très **b.** très **c.** Ø **d.** trop **e.** Ø

● **Exercice 4**
a. Nous n'avons pas assez parlé.
b. Je ne travaille pas loin de la gare.
c. Ils n'ont pas bien compris la leçon.
d. Matilda ne va pas se coucher tard.
e. Vous n'avez pas beaucoup dansé.

● **Exercice 5**
pas bien - très inquiet - assez étudié - jamais tous les tests - trop loin

● **Exercice 6**
a. meilleur **b.** mieux **c.** moins bien **d.** mieux **e.** moins bien

● **Exercice 7**
a. Je suis plus grande que toi.
b. Elle parle moins bien que son frère.
c. Léa téléphone plus régulièrement que Marta.
d. La tour Eiffel est aussi célèbre que Notre-Dame.
e. La campagne est moins stressante que la ville.

Test 6 .... p. 153

● **Exercice 1**
a. de **b.** le **c.** du **d.** de **e.** le **f.** de

● **Exercice 2**
a. - Oui, mais pas de boulangerie. **b.** - Oui, mais pas les tomates. **c.** - Oui, mais pas de frère. **d.** - Oui, mais pas de voiture. **e.** - Oui, mais pas de lait. **f.** - Oui, mais pas le musée.

● **Exercice 3**
a. Non, on n'a pas d'enfants.
b. Non, elle ne connaît pas la ville.
c. Non, je n'ai pas de question.
d. Non, ce n'est pas la bonne réponse.
e. Non, elle ne mange pas de pain le matin.
f. Non, il ne fait pas de sport.

● **Exercice 4**
a. Je ne connais personne ici.
b. Tu n'entends rien ?
c. Elle n'a rencontré personne à Brasilia.
d. Ils n'ont rien acheté ?
e. Elle ne veut voir personne ce soir.
f. Je ne vais rien donner aux enfants.

● **Exercice 5**
a. Il n'a pas compris la question.
b. Tu n'as rien mangé ?
c. Elle n'a jamais répondu à mes messages.
d. Vous n'avez vu personne ?
e. Elle n'a pas eu de chance.
f. Il n'a plus écouté la radio.

● **Exercice 6**
a. – Non, je n'ai jamais revu Nathalie.
b. – Non, je ne veux pas de jus de fruit.
c. – Non, je n'ai pas aimé le film.
d. – Non, je ne veux plus aller au Mexique.
e. – Non, je n'ai jamais mangé de croissant.

Test 7 .... p. 154

● **Exercice 1**
a. Un rappeur célèbre. b. Oui, bien sûr ! c. Une pièce de Molière. d. L'acteur principal. e. Si, je l'aime bien.

● **Exercice 2**
a. Combien d' b. Quand c. D'où d. Pourquoi e. Depuis quand / Depuis combien de temps

● **Exercice 3**
a. Est-ce qu'il vient avec nous ?
b. As-tu du temps ?
c. Sont-ils en colère ?
d. Est-ce que je peux vous téléphoner ?
e. Peut-on vous aider ?

● **Exercice 4**
a. Es-tu allée au cinéma hier ?
b. Va-t-elle prendre le train ?
c. Venez-vous d'arriver ?
d. A-t-il payé le taxi ?
e. Vas-tu acheter le journal ?

● **Exercice 5**
a. Est-ce que vous pouvez parler ? / Pouvez-vous parler ?
b. Que souhaitez-vous savoir ? / Vous souhaitez savoir quoi ?
c. Vous avez décidé de les aider quand ? / Quand avez-vous décidé de les aider ?
d. Combien d'enfants est-ce qu'elle a ? / Combien d'enfants a-t-elle ?
e. Est-ce qu'ils ont trouvé du travail ? / Ils ont trouvé du travail ?

● **Exercice 6**
a. quel b. Laquelle c. quel d. Lesquels e. quelle

● **Exercice 7**
Lesquels me conseillez-vous - quel genre - Lesquels préférez-vous - Auxquels pensez-vous - quelle nationalité

Test 8 .... p. 155

● **Exercice 1**
a. 2 b. 4 c. 3 d. 5 e. 1

● **Exercice 2**
a. Ella dit à sa fille de manger des légumes.
b. Juan demande à Fanny quand elle part.
c. Le directeur déclare que l'entreprise va fermer.
d. Lou demande à Elie quel est l'âge de Sara.
e. La chanteuse annonce que c'est son dernier disque.

● **Exercice 3**
a. ce que b. où c. si d. où e. si

● **Exercice 4**
a. grâce à b. pour c. mais d. à cause de e. Par contre,

● **Exercice 5**
a. Je suis inquiet à cause de mes mauvaises notes.
b. Il mange bien, mais / par contre il est maigre.
c. Nous faisons du sport pour rester en forme.
d. On sort tard, donc / alors on est fatigués.
e. Tu ne dors pas parce que tu bois du café.

● **Exercice 6**
a. Si vous avez plus de 60 ans, vous avez une réduction.
b. Téléphone-moi si tu as un problème.
c. Si je gagne au loto, je ferai un beau voyage.
d. Elles n'iront pas à la plage s'il pleut.
e. Si nous sommes en retard, nous ne verrons pas le concert.

Test 9 .... p. 156

● **Exercice 1**
a. cherch**es** b. réveill**ons** c. habit**ez** d. travaill**e** e. dépêch**ent**

● **Exercice 2**
a. 4 b. 1 c. 5 d. 3 e. 2

● **Exercice 3**
a. veux b. pouvons c. doivent d. sais e. voulez

● **Exercice 4**
a. est b. avons c. font d. va e. êtes

● **Exercice 5**
a. prennent b. attend c. buvez d. vends e. vivons

● **Exercice 6**

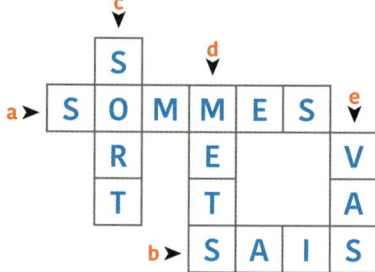

● **Exercice 7**
je ne me lève jamais - Je prends - nous nous promenons - Nos enfants n'aiment pas - Ils se reposent

● **Exercice 8**
a. Vous connaissez Istanbul ?
b. Ils ne réfléchissent pas assez.
c. Nous ne devons pas sortir.
d. On dort mal.
e. Nous vous croyons.

Test 10 .... p. 157

● Exercice 1
   a. allons b. vais c. vont d. va e. vas

● Exercice 2
   a. vais participer b. n'allons pas pouvoir c. va dire
   d. vont passer e. n'allez pas venir

● Exercice 3
   a. Nous allons nous lever tard.
   b. Elles ne vont pas se promener.
   c. Est-ce que Zoé va animer la réunion ?
   d. Il ne va pas faire beau.
   e. Je vais lire le journal.

● Exercice 4
   a. viens b. vient c. vient d. viennent e. venez

● Exercice 5
   a. vient de passer b. viennent d'avoir c. venons de nous inscrire d. viens de téléphoner e. vient de vendre

● Exercice 6
   a. 3 b. 2 c. 5 d. 4 e. 1

● Exercice 7
   a. visiter**ont** b. comprendr**ez** c. essayer**ons** d. pleuvr**a**
   e. régler**ai**

● Exercice 8
   a. Elle ira à Nantes.
   b. Vous viendrez nous voir ?
   c. Ils se marieront en Italie.
   d. Tu prendras ta voiture ?
   e. Nous les recevrons.

Test 11 .... p. 158

● Exercice 1
   a. est b. avons c. sont d. avez e. as

● Exercice 2

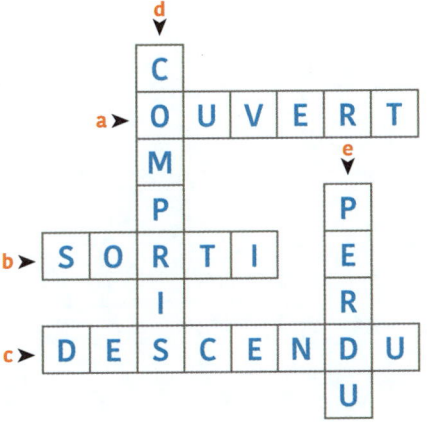

● Exercice 3
   a. allées b. reçu c. arrivée d. divorcé e. fini

● Exercice 4
   a. 4 b. 5 c. 3 d. 1 e. 2

● Exercice 5
   a. s'est réveillée b. as grossi c. as offert d. se sont assis
   e. s'est passé

● Exercice 6
   a. Il n'a pas pu parler à Florian.
   b. Nous ne nous sommes pas perdus.
   c. On ne s'est pas amusées chez Lola.
   d. Je n'ai pas voulu la déranger.
   e. On ne s'est pas vus depuis le lycée.

● Exercice 7
   a. Oh là là, nous étions inquiets !
   b. Pardon, on ne savait pas.
   c. Qu'est-ce que tu buvais ?
   d. Les voisins faisaient du bruit.
   e. Il commençait à faire froid.

● Exercice 8
   Mme Guérin est rentrée - elle n'a pas vu - la porte d'entrée était ouverte - elle n'entendait pas - ses amis ont crié

Test 12 .... p. 159

● Exercice 1
   a. voud**rions** b. aimer**ais** c. souhaiter**ait** d. faudr**ait**
   e. pourr**iez**

● Exercice 2
   a. Nous pourrions passer par là.
   b. On voudrait venir avec toi.
   c. Est-ce que vous auriez l'heure ?
   d. Je souhaiterais aller à New-York.
   e. Ils préféreraient aller à l'hôtel.

● Exercice 3
   a. 4 b. 1 c. 3 d. 2 e. 5

● Exercice 4
   a. Je ne veux pas que tu sortes.
   b. Il faudrait qu'on parte à 7 h.
   c. Je souhaite qu'ils viennent me voir.
   d. Elle voudrait que je lui fasse un gâteau.
   e. On aimerait que vous nous accompagniez.

● Exercice 5
   tu m'aides - tu pourrais demander - qu'elle soit - que tu viennes - Tu peux me retrouver

● Exercice 6

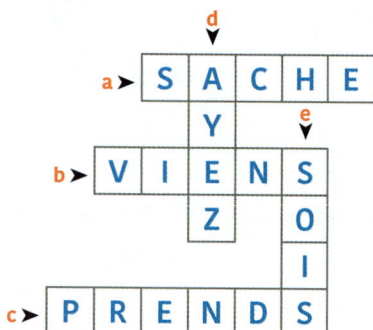

● Exercice 7
a. Ne lui dis pas la vérité !
b. Vas-y !
c. Ne me téléphonez pas ce soir !
d. Achètes-en !
e. Ne le regarde pas !

● Exercice 8
a. Partons b. ne rentre pas c. venez d. ne prenez pas
e. amuse-toi

Index

Index de grammaire

à - *tu as pensé à...* - 44
à - *à Madrid* - 50
à cause de - *à cause d'un problème* - 84
à la - *à la mer* - 50
accord (de l'adjectif) - *françaises* - 26
accord (du nom) - *étudiantes* - 8, 10
adjectif démonstratif - *ce, cette, ces* - 18
adjectif indéfini - *plusieurs, tout* - 24
adjectif interrogatif - *quand* - 72
adjectif (place) - *une grande fille* - 30
adjectif possessif - *mon, ta, ses...* - 20
adjectif qualificatif - *bon* - 26
adverbe - *bien, trop* - 56
adverbe comparatif - *plus, moins* - 60
alors - *alors j'y vais* - 84
assez - *vous mangez assez* - 56
article défini - *le, la, les* - 12
article indéfini - *un, une, des* - 12
article partitif - *du, de la* - 14
articulateur logique - *mais, donc* - 84
au - *au Chili* - 50
aucun(e) - *aucun problème* - 24
aussi - *moi aussi* - 32
aussi - *aussi grand que* - 60
autre(s) - *les autres pays* - 24
aux - *aux États-Unis* - 50
beaucoup - *il dort beaucoup* - 56
beaucoup de - *beaucoup de livres* - 24
but - *pour* - 84
cause - *parce que* - 84
ce - *ce sac* - 18
ce que - *il sait ce que* - 80
ce qui - *il sait ce qui* - 80
celle - *celle à 50 €* - 36
celle-là (-ci) - *prends celle-là* - 36
celles - *celles de ma région* - 36
celles-là (-ci) - *prends celles-là* - 36
celui - *celui que je préfère* - 36
celui-là (-ci) - *celui-là est sympa* - 36
ces - *ces chansons* - 18
cet - *cet artiste* - 18
cette - *cette école* - 18
ceux - *ceux que je préfère* - 36
ceux-là (-ci) - *prends ceux-là* - 36

chaque - *chaque jour* - 24
COD (pronom) - *me, le...* - 40
COI (pronom) - *me, te...* - 42
combien (de) - *combien de temps ?* - 72
comment - *comment vas-tu ?* - 72
comparatif - *plus, moins* - 60
complément direct (pronom) - *me, le...* - 40
complément indirect (pronom) - *me, te...* - 42
condition - *si tu veux* - 88
conséquence - *donc* - 84
de - *pas de voiture* - 16
de - *de nouveaux bijoux* - 26, 30
de - *il rêve de* - 44
de - *de Paris* - 50
de - *il m'a dit de* - 80
de la - *de la glace* - 14, 16
de la - *de la piscine* - 50
défini (article) - *le, les* - 12
démonstratif (adjectif) - *ce, cette, ces* - 18
des - *des filles* - 12, 16
des - *des Pays-Bas* - 50
déterminant - *un, le, tout* - 12, 14, 16, 18, 20, 24
discours indirect - *il a dit que...* - 80
donc - *donc tu pars* - 84
du - *du courage* - 14, 16
du - *du théâtre* - 50
elle - *chez elle* - 32
elle - *il pense à elle* - 44
elles - *chez elles* - 32
elles - *il pense à elles* - 44
en - *elle en fait* - 40
en - *j'en viens* - 44
en - *prends-en* - 48
en - *en Russie* - 50
est-ce que - *est-ce que tu as... ?* - 68
eux - *chez eux* - 32
eux - *je pense à eux* - 44
féminin et masculin des adjectifs - *française* - 26
féminin et masculin des noms - *enseignante* - 8
genre de l'adjectif - *françaises* - 26
genre des possessifs - *ma* - 20
genre du nom - *étudiante* - 8
grâce à - *grâce à lui* - 84
indéfini (adjectif) - *plusieurs, tout* - 24

indéfini (article) - *un, des* -	12
interrogation - *pourquoi* -	68, 72, 76
intonation montante - *tu pars ?* -	68, 72, 76
inversion sujet-verbe - *pars-tu ?* -	68, 72, 76
jamais - *il n'est jamais là* -	64
la - *la maison* -	12, 16
la - *je la vois* -	40
la même - *la même fleur* -	24
laquelle - *laquelle veux-tu ?* -	76
le - *le chien* -	12, 16
le - *je le vois* -	40
le même - *le même étudiant* -	24
lequel - *lequel veux-tu ?* -	76
les - *les chats* -	12, 16
les - *je les vois* -	40
les mêmes - *les mêmes robes* -	24
lesquelles - *lesquelles veux-tu ?* -	76
lesquels - *lesquels veux-tu ?* -	76
leur - *leur collègue* -	20
leur - *il leur parle* -	42
leur - *écris-leur* -	48
leurs - *leurs filles* -	20
lieu (préposition de) - *à, aux, des* -	50
lui - *chez lui* -	32
lui - *tu lui parles* -	42
lui - *je pense à lui* -	44
lui - *écris-lui* -	48
ma - *ma carte* -	20
mais - *mais tu pars* -	84
mal - *je dors mal* -	56
masculin et féminin des adjectifs - *français* -	26
masculin et féminin des noms - *enseignant* -	8
me - *ne m'attends pas* -	40, 48
me - *il me parle* -	42, 48
meilleur - *il est meilleur* -	60
meilleure - *elle est meilleure* -	60
meilleures - *elles sont meilleures* -	60
meilleurs - *ils sont meilleurs* -	60
mes - *mes affaires* -	20
mieux - *il travaille mieux* -	60
moi - *chez moi* -	32
moi - *il pense à moi* -	44
moi - *attends-moi* -	48
moins - *moins joli que* -	60
mon - *mon portefeuille* -	20
négation - *je ne sais pas* -	64
négation (article) - *pas de* -	16
nombre (de l'adjectif) - *bons* -	26
nombre (du nom) - *étudiants* -	10
non - *non, merci* -	68
nos - *nos livres* -	20
notre - *notre dossier* -	20
nous - *chez nous* -	32
nous - *il nous voit* -	40, 48
nous - *il nous parle* -	42, 48
nous - *il pense à nous* -	44
nous - *attends-nous* -	48
opposition - *mais, par contre* -	84
où - *le restaurant où* -	34
où - *où vas-tu* -	72
oui - *oui, bien sûr* -	68
par contre - *par contre, j'irai* -	84
parce que - *parce que tu pars* -	84
partitif (article) - *du, de la* -	14
pas - *il ne vient pas* -	64
pas de - *pas de problème* -	16
personne - *je ne vois personne* -	64
peu - *il travaille peu* -	56
phrase complexe - *il dit que, donc* -	80, 84, 88
phrase interrogative - *pourquoi* -	68, 72, 76
place des adjectifs - *une grande fille* -	30
place des adverbes - *ça va très bien* -	56
place des pronoms - *attends-nous* -	48
pluriel et singulier des adjectifs - *bons* -	26
pluriel et singulier des noms - *étudiants* -	10
plus - *plus cher que* -	60
plus - *je ne sais plus* -	64
plusieurs - *plusieurs enfants* -	24
possessif (adjectif) - *mon, ta, ses* -	20
pour - *pour voyager* -	84
pourquoi - *pourquoi tu pars ?* -	72
préposition - *à, de* -	54
préposition de lieu - *à, aux, de* -	50
pronom COD - *me, le...* -	40
pronom COI - *me, te...* -	42
pronom complément (place) - *attends-nous* -	48
pronom démonstratif - *celui, celle...* -	36
pronom et verbe - *tu te souviens de lui ?* -	44

Index de grammaire

pronom interrogatif - *quel, quelles...* -	76
pronom relatif - *qui, que, où* -	34
pronom tonique - *moi, toi, vous...* -	32
qu'est-ce que - *qu'est-ce que tu veux ?* -	68
qu'est-ce qui - *qu'est-ce qui se passe ?* -	68
quand - *tu pars quand ?* -	72
quantité - *beaucoup, quelques* -	24
que - *le restaurant que* -	34
que - *que veux-tu ?* -	72
que - *il dit que* -	80
quel(s) - *quel document ?* -	76
quelle(s) - *quelle ville ?* -	76
quelques - *quelques minutes* -	24
question - *pourquoi ?* -	68, 72, 76
qui - *le restaurant qui* -	34
qui - *qui vois-tu ?* -	68, 72
qui est-ce que - *qui est-ce que tu vois ?* -	68, 72
qui est-ce qui - *qui est-ce qui vient ?* -	68
quoi - *tu veux quoi ?* -	68, 72
relatif - *qui, que, où* -	34
rien - *je n'ai rien* -	64
sa - *sa femme* -	20
ses - *ses frères* -	20
si - *si, j'arrive* -	68
si - *il demande si* -	80
si - *si tu veux* -	88
singulier et pluriel des adjectifs - *bon* -	26
singulier et pluriel des noms - *étudiant* -	10
son - *son ami* -	20
ta - *ta proposition* -	20
te - *elle t'aime* -	40
te - *il te parle* -	42
tes - *tes idées* -	20
toi - *chez toi* -	32
toi - *il pense à toi* -	44
ton - *ton appartement* -	20
tonique (pronom) - *moi, toi, vous...* -	32
toujours - *il sort toujours* -	56
tous - *tous les jours* -	24
tout - *tout le temps* -	24
toute - *toute la journée* -	24
toutes - *toutes les filles* -	24
très - *très fatiguée* -	56
trop - *trop difficile* -	56
type de phrases - *ne pas, pourquoi ?* -	64, 68, 72, 76
un - *un professeur* -	12, 16
un peu - *il travaille un peu* -	56
un peu de - *un peu de temps* -	24
une - *une femme* -	12, 16
verbe et préposition - *elle a promis de venir* -	54
verbe et pronom - *tu te souviens de lui ?* -	44
vos - *vos chaussures* -	20
votre - *votre colis* -	20
vous - *chez vous* -	32
vous - *il vous voit* -	40, 48
vous - *il vous parle* -	42, 48
vous - *il pense à vous* -	44
y - *j'y pense* -	42
y - *j'y vais* -	44
y - *vas-y* -	48

Index de conjugaison

accord (du participe passé) - *je suis allée* - 122
acheter - *j'achète* - 96, 114
adorer - *j'adore* - 96
aimer - *j'aimerais* - 134
aller - *je vais* - 92, 114, 130, 136
aller + verbe - *vous allez travailler* - 112
appartenir - *j'appartiens* - 102
apprécier - *j'appréciais* - 126
apprendre - *j'apprends* - 106
attendre - *j'attends* - 106
auxiliaire avoir - *j'ai mangé* - 118
auxiliaire être - *je suis allé* - 122
avoir - *elle a 25 ans* - 92, 114, 126, 130, 134, 136
boire - *je bois* - 110, 136
changer - *nous changeons* - 96
choisir - *je choisis* - 102
commencer - *nous commençons* - 96, 126
comprendre - *je comprends* - 106
conditionnel présent - *tu pourrais* - 134
connaître - *je connais sa sœur* - 106
croire - *je crois* - 110
découvrir - *je découvre* - 102
devoir - *je dois partir* - 98, 110, 134
dire - *je dis* - 106
dormir - *je dors* - 102
écrire - *j'écris* - 106
emmener - *j'emmène* - 96
entendre - *il entendra* - 114
essayer - *on essaiera* - 114
essuyer - *nous essuierons* - 114
être - *il est espagnol* - 92, 114, 126, 130, 136
étudier - *j'étudierai* - 114
faire - *je fais* - 92, 114, 126, 136
falloir - *il faut partir* - 110, 114, 134
finir - *je finis* - 102, 114, 130
futur proche - *il va partir* - 112
futur simple - *tu seras* - 114
imparfait - *tu étais* - 126, 128
impératif - *viens* - 130
interdire - *j'interdis* - 106
jeter - *je jette* - 96
lire - *je lis* - 106
manger - *nous mangeons* - 96, 126
me - *je m'appelle* - 96, 114, 130

mettre - *je mets* - 106
modes (des verbes) - *on voudrait, qu'on parte* - 130, 134, 136
nettoyer - *elles nettoieront* - 114
nous - *nous nous promenons* - 96, 114, 130
offrir - *j'offre* - 102
ouvrir - *j'ouvre* - 102
parler - *que je parle* - 136
participe passé avec avoir - *j'ai mangé* - 118
participe passé avec être - *je suis allée* - 122
partir - *je pars* - 102
passé composé - *il a plu* - 118, 122, 128
passé composé avec avoir - *j'ai mangé* - 118
passé composé avec être - *je suis allée* - 122
passé récent - *je viens de* - 112
payer - *je paierai* - 114
perdre - *je perds* - 106
permettre - *je permets* - 106
peser - *tu pèseras* - 114
pleuvoir - *il pleuvra* - 114
pouvoir - *je peux partir* - 98, 114, 134, 136
préférer - *je préfère* - 96, 134
prendre - *je prends* - 106, 114, 130, 134
présent (indicatif) - *je suis* - 92, 96, 98, 102, 106, 110, 112
prévoir - *je prévois* - 110
promettre - *je promets* - 106
recevoir - *je reçois* - 110, 114
reconnaître - *je reconnais* - 106
regarder - *je regarde* - 96, 114
répondre - *je réponds* - 106
réussir - *je réussis* - 102
savoir - *je sais danser* - 98, 114, 130, 136
se - *elle s'appelle* - 96, 114, 130
servir - *je sers* - 102
souhaiter - *je souhaiterais* - 134
subjonctif présent - *qu'on parte* - 136
suivre - *je suis* - 106
te - *tu t'habilles* - 96, 114, 130
tenir - *je tiens* - 102
temps (des verbes) - *je suis, j'étais* - 92, 96, 98, 102, 104, 106, 110, 112, 114, 118, 122, 126, 128
travailler - *travaille bien* - 130
vendre - *tu vendras* - 114
venir - *je viens* - 102, 114, 136

venir de + verbe - il vient de partir - 112	vivre - je vis - 106
verbes en -er - j'adore - 96	voir - je vois - 110, 114
verbes en -ir - je pars - 102	vouloir - je veux partir - 98, 114, 130, 134, 136
verbes en -oir et -oire - je vois, tu bois - 110	vous - vous vous disputez - 96, 114, 130
verbes en -re - je lis - 106	